Väter dürfen auch trauern!
Sozialpädagogische Perspektiven für die Gruppenarbeit mit trauernden Vätern

Stephanie Lummerich

Stephanie Lummerich

VÄTER DÜRFEN AUCH TRAUERN!

Sozialpädagogische Perspektiven für die Gruppenarbeit mit trauernden Vätern

ibidem-Verlag
Stuttgart

Bibliografische Information der Deutschen Nationalbibliothek
Die Deutsche Nationalbibliothek verzeichnet diese Publikation in der Deutschen Nationalbibliografie; detaillierte bibliografische Daten sind im Internet über http://dnb.d-nb.de abrufbar.

Bibliographic information published by the Deutsche Nationalbibliothek
Die Deutsche Nationalbibliothek lists this publication in the Deutsche Nationalbibliografie; detailed bibliographic data are available in the Internet at http://dnb.d-nb.de.

Coverbild: Image licensed by Ingram Publishing

∞

Gedruckt auf alterungsbeständigem, säurefreien Papier
Printed on acid-free paper

ISBN-13: 978-3-8382-0218-1

Printed in Germany

Ein echter Mann

Ein echter Mann ist selbstbewusst,
verbirgt den Kummer in der Brust,
zeigt seine Trauer anderen nicht,
hat steingemeißelt sein Gesicht.

Man hat dies schon oft vernommen
und als gegeben hingenommen...
Für mich ist dieses Spiel vorbei!
Ich reiße dies Korsett entzwei.

Tränen netzen mein Gesicht.
Wollt sehen meine Trauer nicht?
Nun, das ist mir einerlei!
Dann schaut ihr halt an mir vorbei!

Denn es peinigt mich der Schmerz,
Gedanken reisen sternenwärts,
erreichen jenen fernen Platz,
wo nun wohnt mein kleiner Schatz.

Nur so kann ich ihm nahe sein.
Erinnerung blieb mir allein.
All meine Träume sind verflogen.
All meine Hoffnung ist betrogen.

Ich schmiedete so manchen Plan,
der sich nun nicht erfüllen kann...
Als Mann darf ich das nicht betrauern?
Wer dieses denkt, ist zu bedauern!

Ich bleib' in keinem Falle still!
Ich werde schreien, wenn ich will!
Und weinen, wenn die Seele schreit!
An jedem Ort und jederzeit!

Ralf Korrek, 12.06.2006

Inhaltsverzeichnis

0 Einleitung 3

1 Trauer ist ein weites Wort 7

1.1 Was ist eigentlich Trauer 8
1.2 Trauer in unserer modernen Gesellschaft 11
1.3 Gründe für die Tabuisierung der Trauer 14
1.4 Auswirkung der nicht gelebten Trauer 16
1.5 Gleichgewicht zwischen Kontrolle und Ausleben der Trauer 20

2 Die Trauer um ein Kind 23

2.1 Der Zeitpunkt des Todes eines Kindes 24
2.1.1 Die Fehlgeburt 25
2.1.2 Die stille Geburt 26
2.1.3 Die Frühgeburt 27
2.1.4 Der plötzliche Säuglingstod 28
2.2 Die Vaterschaft 29
2.3 Erlebnisberichte der Väter 33
2.3.1 Erlebnis einer Fehlgeburt 33
2.3.2 Erlebnis einer stillen Geburt 34
2.3.3 Erlebnis einer Frühgeburt 40
2.3.4 Erlebnis einer Frühgeburt 45
2.3.5 Erlebnis eines plötzlichen Säuglingstod 49

3 Die Vätertrauer 53

3.1 Vätern fehlen die Worte 54
3.2 Väter trauern wie Männer 57
3.3 Väterliche Ausdrucksformen ihrer Trauer 60
3.4 Exkurs: Die Männergruppe 62

4 Die Trauergruppe 69

4.1 Die Trauer - Selbsthilfegruppe 70
4.2 Eine Trauergruppe für Väter 73
4.3 Die Gründung einer Trauergruppe für Väter 75
4.3.1 Die Öffentlichkeitsarbeit 77
4.3.2 Die Organisation 78
4.3.3 Die Gruppenstruktur 79
4.3.4 Vorteile und Grenzen einer Trauergruppe 80

4.4 Die Meinung trauernder Väter ... 81

5 Sozialpädagogische Begleitung von Trauergruppen für Väter ... 85

5.1 Begleitung und Therapie eine begriffliche Abgrenzung ... 85
5.2 Die begleitete Gruppe ... 87
5.3 Die klientenzentrierte Grundhaltung ... 88
5.4 Der Begleiter und seine Aufgaben ... 89
5.5 Anforderungen an den Sozialpädagogen ... 92

6 Schlussbetrachtung ... 99

Abkürzungsverzeichnis ... 101

Vorwort

Ich möchte die Gelegenheit nutzen und meinen herzlichen Dank an Frau Gerda Palm richten für die Inspiration, die vielen geduldigen Antworten und Kontaktinformationen aus ihrem Netzwerk, die ich nutzen durfte. Besonderer Dank gilt an dieser Stelle Herrn Fritz S., Herrn Paul M., Herrn Philipp S., Herrn Jasper P. und Herrn Fabian M., die sich nicht gescheut haben, mit mir ein persönliches Interview zu führen und deren persönliche Geschichten mich sehr berührt haben. Ich hoffe, dass diese Arbeit dazu beiträgt, die Trauer der Väter gesellschaftsfähiger zu machen und dass sie den Menschen die Berührungsängste, die sie mit diesem Thema verbinden, ein wenig nehmen kann.

Mit lieben Gedanken an:

- PAULA & MARIUS - - LINA & JONAS & TIM - - PAULA-LUISA -

- DOMINIK -

0 Einleitung

Das Weinen und Trauern um ein Kind[1] ist etwas sehr Persönliches und Intimes. Gerade wenn es um ein (werdendes) Baby geht, das Produkt der Liebe zweier Menschen. Im Gegensatz zu einem erwachsenen Menschen, der gestorben ist, kennen Außenstehende die Bindung zwischen Mutter und Kind nicht. Es gibt für Außenstehende und das Kind im Bauch der Mutter keine gemeinsamen Erlebnisse und Ereignisse. Dennoch nehmen viele Menschen die Trauer der Mütter wahr und versuchen ihre Anteilnahme an diesem schlimmen Ereignis zu zeigen.

Ich habe mir allerdings in diesem Kontext die Frage gestellt: Was ist mit den Vätern dieser zu früh verstorbenen Kinder? Wie erleben Männer dieses Ereignis, und wie verarbeiten sie es?

Aus diesen Überlegungen ergab sich auch meine Forschungsfrage beziehungsweise meine Hypothese: Trauernden Vätern hilft beim Tod ihres Kindes die Teilnahme an einer Trauergruppe für Väter. Hierzu lässt sich ein Konditionalsatz bilden, und die Aussage bezieht sich auf einen realen, überprüfbaren Sachverhalt und ist falsifizierbar.

In unserer westlichen Kultur fällt es uns schon schwer genug, einer Frau zu begegnen, die diesen Verlust erleiden muss, hier wird das Trösten schon fast zu einer Unmöglichkeit. Wie aber trösten und begleiten wir dann erst einen Mann, der in unserer Gesellschaft nicht die Rolle des weinenden und Gefühle zeigenden Individuums hat? Ganz nach den alten Regeln und Merksätzen wie „Ein Indianer kennt keinen Schmerz" oder „Jungen weinen nicht!". Diese Regelsätze, die auf die institutionalisierten Rollenbilder zurückzuführen sind, verfolgen die meisten Männer ihr Leben lang. Viele von ihnen sind so erzogen worden und haben diese unsinnigen Vorgaben verinnerlicht. Dann passiert das wohl Schrecklichste, was einem Vater passieren kann. Er verliert sein Kind, sein eigenes Kind verlässt vor ihm die Welt, ohne ihn in den meisten Fällen überhaupt jemals kennengelernt zu haben. Diese Tatsache macht es allen Beteiligten nicht leicht, über das, was geschehen ist, zu sprechen.

Genauso unterschiedlich wie Menschen weinen, ist auch ihre Art zu trauern. Trauer verläuft in Phasen, die unterschiedlich lange dauern. Das Gefühl der extrem schmerzhaften Trauer ermöglicht das Loslassen, das Ablösen. Die Trauer wird mit der Zeit schwächer und sie vergeht, doch man vergisst sie nicht. Schlimmstenfalls kann Trauer mehr oder weniger verdrängt werden. Das ist bei Männern, die trauern, nicht selten der Fall. Oft beschäftigen sie sich mit anderen Dingen, stürzen sich in die Arbeit oder schweigen einfach. Sie möchten oder können über das Geschehen nicht reden. Sie müssen stark sein, sogar doppelt stark. Nicht nur stark für sich, sondern auch für ihre Frauen. Schließlich leiden diese ja noch mehr, denn sie haben den schmerzlichen Verlust an und im eigenen Leib spüren müssen. Die Ehefrauen oder Partnerinnen brauchen in dieser aussichtslosen und schmerzhaften Situation ihre Männer. Die Partner meinen, ihnen die Traurigkeit nehmen zu müssen, ihnen Fragen zu beantworten, auf die es oft gar keine Antworten gibt. Die Männer tragen die Trauer der Frau und die eigene. Niemand kommt auf die Idee, direkt den Mann zu trösten und ihm seine Anteilnahme auszudrücken.

Es ist bezeichnend für unseren Kulturkreis, dass den Frauen eine größere Bereitschaft zur Emotionalität und Trauer zugewiesen wird. Aufgrund dessen, dass die meisten Männer nie gelernt haben, über Gefühle zu reden oder auch diese zu zeigen, wird ihnen die Fähigkeit, um das eigene Kind zu trauern, oft abgesprochen. Das ist nicht richtig, und diese Einstellung, die doch noch in den meisten Köpfen vorherrscht, hat mich einmal mehr motiviert, diese Arbeit zu verfassen mit der Intention, aufzuzeigen, dass auch Väter trauern können und müssen, um ihren Weg nach einem schweren Verlust wiederzufinden. Oftmals haben sie nämlich nicht in dem Maße wie Frauen eine freundschaftliche Beziehung zu einer anderen Person, die ihnen zuhört und sie bestärkt, so dass sie aus diesen Gesprächen Kraft schöpfen können. Männern fehlt somit häufig eine Kraftquelle. Männer trauern anders, aber nicht weniger als ihre Frauen um das gemeinsame Kind. Aufgezeigt werden in dieser Arbeit die unterschiedlichen Zeitpunkte, zu denen ein Kind stirbt. Der früheste ist der

[1] Anmerkung: Im Folgenden werden unter dem Begriff ‚Kind'- Föten, Babies und Kleinkinder bis zum Alter von 1,5 Jahren verstanden.

Zeitpunkt der Fehlgeburt, bis hin zum plötzlichen Säuglingstod. Das ist der Zeitraum, der in dieser Arbeit festgelegt ist und behandelt wird. Die Ausdrucksformen männlicher Trauer und ein Erklärungsversuch ihres Trauerverhaltens werden mit Hilfe des Hintergrundwissens aus der männlichen Sozialisation aufgezeigt und durch Erlebnisberichte von betroffenen Vätern gestützt. Hierzu wurden Interviews mit fünf Vätern geführt und folgende Kriterien festgelegt: Die Väter sind zwischen 36 und 69 Jahren alt und bis auf einen alle verheiratet. Eine Möglichkeit, die den trauernden Vätern auf dem Weg ihrer Trauer vielleicht ein Stück Linderung verschaffen kann, ist eine Trauergruppe für Väter. Es wird beschrieben, wie sie gegründet werden kann und auf welche wichtigen Punkte, angefangen vom Setting bis hin zur Gruppenstruktur, zu achten ist. Untermauert wird dies von Meinungen trauernder Väter, die sich im Bezug auf diese Trauergruppe äußern. Das Ziel dieser Arbeit ist, trauernde Väter zu motivieren, diesen großen Schritt zu gehen und selber eine Trauergruppe zu gründen. Deshalb wird hier recht spezifisch die Trauer der Männer aufgezeigt, damit sie die Normalität ihrer Trauer besser annehmen und diese für Außenstehende und auch für ihre Partner verständlicher wird. Die Väter sollen wissen, dass sie in so einer schweren Zeit nicht alleine sind, oder nicht alleine sein müssen, sondern dass die Möglichkeit der Hilfe besteht.

Hilfe kann auch außerhalb der Familienstrukturen geschehen und stattfinden. Es wird die Profession der Sozialpädagogik[2] vorgestellt, die sich zutraut, sich trauernden Vätern anzunehmen und sie zu begleiten. Dies ist eine große Herausforderung und stellt auch hohe Anforderungen an den Sozialpädagogen. Welche Voraussetzungen für die Arbeit auf diesem emotionalen Arbeitsfeld vorhanden sein müssen, wird im Einzelnen in dieser Arbeit dargestellt.

---

[2] Anmerkung: In dieser Studie wird der Einfachheit halber die Profession der Sozialpädagogik sowie die männliche Form verwendet. Der Bereich der Sozialen Arbeit sowie die weibliche Form werden im Folgenden mitgedacht.

1 Trauer ist ein weites Wort

„Ihr habt jetzt Trauer, aber ich werde euch wieder sehen und euer Herz wird sich freuen." (Johannes 16,22)

Die Wörter, die wir Menschen seit unserer Kindheit lernen und gebrauchen, bilden unsere Sprache. Die Sprache ist ein Teil unseres Lebens, indem wir sie jeden Tag benutzen. Wir versuchen uns über sie mit anderen Menschen zu verständigen, uns über Sprache zu erklären, zu rechtfertigen, zu streiten und friedlich miteinander umzugehen. Unsere Erlebnisse teilen wir unseren Mitmenschen durch die eigene Sprache mit. Das, was wir fühlen und denken, versuchen wir in Worte zu fassen. Unsere Handlungen werden verpackt, sie werden erst durch Worte deutlich und für andere verständlich.
„Die Sprache baut unsere Sicht von der Welt auf und verleiht uns die Fähigkeit, in Worte zu fassen, was wir wissen, was wir erleben und was wir tun. Worte verbinden Gedanken und Gefühle."[3] Es ist nicht das erste Mal, dass versucht wird, Trauer zu beschreiben und in Worte zu fassen. Es ist auch nicht das erste Mal, dass über die Unterschiede in der Sprache zwischen Frau und Mann geschrieben wird. Gerade in der Trauerarbeit ist die Sprache ein wichtiges Hilfsmittel. Zu verstehen ist, wie Elizabeth Levang schreibt, dass es Unterschiede in der Bedeutung der Wörter Vertrauen, Sicherheit, Ehrlichkeit, Liebe, Vertrautheit oder Empfindlichkeit zwischen Mann und Frau gibt.[4] In dieser Arbeit wird der Fokus auf die Trauer der Männer gelegt, wie sie sie wahrnehmen, ausdrücken und vor allem aushalten. Das 1. Kapitel versucht darzustellen, was Trauer in Menschen verursacht. Herausgearbeitet wird, welche Bedeutung die Trauer in unserer modernen Gesellschaft hat und welche Gründe es für ihre Tabuisierung gibt. Trauer nicht auszuleben oder nicht ausleben zu können, bringt oft auch Gefahren mit sich. Auf diese wird im Folgenden eingegangen, bevor am Ende des ersten Kapitels veranschaulicht wird, was es bedeutet, ein Gleichgewicht zwischen Kontrolle und Ausle-

[3] Levang, 2002, S. 43.
[4] Vgl. Levang, 2002, S. 44.

ben der Trauer zu schaffen, und wie wichtig es für die professionelle Trauerarbeit ist, dieses Gleichgewicht zu berücksichtigen.

1.1 Was ist eigentlich Trauer

Es gibt viele Begründungen und verschiedene Ansätze darüber, was Trauer ist. Jeder Mensch, der Trauer und Verlust erlebt, entwickelt eine eigene Erklärung dafür. Für Gefühle und Erfahrungen, die mit Trauer zusammenhängen, wird versucht, eine möglichst einheitliche Erklärung zu finden. Gerade auch für diejenigen, die diese Erfahrung noch nicht gemacht haben, sich aber dennoch für das Thema interessieren. Nicht jeder Mensch wird sich oder seine Erfahrungen immer in jeder Definition wiederfinden, doch vielleicht ermöglicht eine zusammenfassende Darstellung mehrerer Erklärungsansätze den Begriff deutlicher zu machen. Nach Marie-Luise Bödiker und Monika Theobald werden unter Trauer allgemein die Reaktionen auf einen schmerzlichen Verlust, auf eine Trennung von engen Bindungen oder auch die Aufarbeitung von zerbrochenen Beziehungen verstanden. Diese weite Begriffsbestimmung kann natürlich auf vieles zutreffen, wie z.B. auf soziale Bezüge (geliebte Menschen, auch Tiere), materielle Dinge (Eigenheim, Auto), ideelle Werte (Heimat, Vertrauen) sowie Gesundheit und auch die berufliche Karriere.[5] Trauer ist also eine Erfahrung, die früher oder später jeden erreicht. „Trauer ist eine Erfahrung, der wir nicht entfliehen können."[6], schreibt Elizabeth Levang. Der Tod eines geliebten Menschen ist nicht beeinflussbar, oft nicht vorhersehbar. Menschen haben keine Möglichkeit, sich vor dem emotionalen Leiden zu verstecken, den der Tod mit sich bringt. Wir können einer Welt nicht entfliehen, in der schwere Krankheiten, Verlust der Arbeit, Verbrechen aller Art, sexueller Missbrauch, emotionale und finanzielle Armut zur Alltäglichkeit gehören. „Grundsätzlich ist die Trauerreaktion eine Fähigkeit, die mit uns geboren wird."[7] Jorgos Canacakis weist darauf hin, dass unser Leben voller Abschiede ist, wenn wir es nur mal genauer betrachten würden. Ebenso bemängelt er, „wie unfähig [...] Gesellschaft und Individuum [sind], diesem

---

[5] Vgl. Bödiker/ Theobald, 2007, S. 25.

[6] Levang, 2002, S. 28.

[7] Canacakis, 1991, S. 23.

alltäglichen und selbstverständlichen Bestandteil unseres Lebens zu begegnen und ihn in ihr Dasein zu integrieren."[8] Angenommen werden kann, dass es ein schwerer Fehler ist und somit auch eine gewaltige Lücke in unserer Evolution, wenn wir nicht mit etwas ausgestattet worden wären, dass uns dazu befähigt, mit Trauersituationen umzugehen. „Wir müssen ständig Abschied nehmen und uns an neue Lebensumstände gewöhnen. Gelingt das nicht, bleiben wir im Vergangenen hängen, verschließen uns der Zukunft und leben nicht mehr lebendig."[9] Das zeigt, dass man der Trauer nicht aus dem Weg gehen kann. Wenn sie uns erreicht, wird sie uns verwirren, sie wird Gefühle mit sich bringen, die viele Menschen noch nicht kannten. Trauern kann dazu führen, dass die Betroffenen sich isolieren, dass sie wütend sind, enttäuscht, verzweifelt, irritiert, hilflos, leer und einsam. Die Trauer, mit der man sich vorher noch nicht beschäftigt hat, wird als Feind wahrgenommen. Wenn sie eintrifft, ist sie befremdlich, und wir wissen nicht, wie wir mit dieser fremden Erfahrung umgehen sollen. „Trauer bringt ein Gefühl von Chaos mit sich. Sie zerstört unsere Verbindung zu einer bekannten, festgelegten und bequemen Wirklichkeit."[10] Wir sind wie betäubt vom erfahrenen Schmerz, das was bisher war, ist zu Ende. Wir wünschen uns, dass die Zeit stehen bleibt und trotzdem läuft sie weiter. Der nächste Tag kommt und die Veränderung, die in unser Leben getreten ist, ist nicht zu übersehen. Sie ist da, und jeder möchte wissen, wie lange sie bleibt und wann wir wieder zu unserem alten Leben zurückfinden können. Doch wie Bödiker und Theobald erklären, hilft die Trauer, mit dem vergangenen Leben abzuschließen und sich der Organisation des zukünftigen Lebens zuzuwenden, um mit dem Verlust weiterleben zu können.[11] Die Trauer ist lange gegenwärtig, sie schwächt unseren Körper, sie lässt die Seele leiden und verwirrt unser kognitives Ich. Dennoch ist die Trauer ein Anpassungsprozess und keine Krankheit. Canacakis schreibt in diesem Kontext, dass die Trauer oft verwechselt wird mit krankem Kummer und Gejammer, mit Depressionen, die man versucht zu behandeln und um

[8] Ebd. S. 23.
[9] Bödiker/ Theobald, 2007, S. 25.
[10] Levang, 2002, S.28.
[11] Vgl. Bödiker/ Theobald, 2007, S. 25.

jeden Preis bekämpft. Doch dass es sich um eine lebenswichtige Reaktion des Menschen handelt, darüber wird nicht nachgedacht.[12] Trauer ist also eine natürliche Antwort des Menschen auf den Verlust, den er erlebt. Nicht abgestritten wird, dass die Trauerzeit eine Krisenzeit ist, jedoch sollte sie nicht nur negativ betrachtet werden. Es ist wohl selten möglich, der Trauer etwas Positives abzugewinnen, und erst recht nicht, wenn gerade ein geliebter Mensch verstorben ist. Doch man merkt, sowohl während als auch nach dem Prozess des Trauerns, was das Trauern bewirkt hat. „Trauer ist der Weg des Loslassens und der Neuorientierung. Grundsätzlich kann und muss jeder Mensch trauern."[13]

Wir versuchen oft, die Trauer zu leugnen oder zu ignorieren, indem wir versuchen, nicht auf unsere Gefühle zu achten. Doch die Trauer findet immer einen Weg, wie sie sich bemerkbar macht. Jeder Mensch erlebt die Trauer anders, nimmt sie anders wahr. Sie ist ein individueller Vorgang, aber sie ist natürlich und muss sein. Manche Betroffenen reagieren mit Panikattacken auf den Verlust eines nahestehenden Menschen, andere suchen sofort eine Ersatzbeziehung. Auch gibt es Menschen, die wunderschöne Träume von ihren Lieben haben, die eine tröstende Wirkung für sie haben.[14] Sie empfinden dann Glück und auch Nähe zu dem Verstorbenen. Andere fühlen sich wie gelähmt, erleiden Herzattacken, Angstzustände oder geraten dadurch bis hin zur Suizidalität. Viele greifen zum Alkohol oder nehmen Tabletten. Manche reagieren mit einem Gewichtsverlust oder flüchten sich ins Gegenteil, einige finden sich selbst und unternehmen Reisen, wieder andere ziehen sich in die Einsamkeit zurück: „Oft treten auch mehrere verschiedene, teils gegenläufige Phänomene bei ein und der selben Person auf, nacheinander, durcheinander oder abwechselnd – ohne vorhersagbare Regelmäßigkeit."[15], beschreibt es Kerstin Lammer.

Der Mensch besitzt, wie bereits erwähnt, die natürliche Fähigkeit zu trauern. Er trauert ganzheitlich, sinnbildlich von Kopf bis Fuß, er trauert innen und au-

[12] Vgl. Canacakis, 1991, S. 25.
[13] Bödiker/ Theobald, 2007, S. 25.
[14] Vgl. Lammer, 2004, S. 30.
[15] Ebd. S. 30.

ßen, mit der Beteiligung seines gesamten Lebensumfeldes und seiner eigenen Verhaltensweisen.[16] Stellt man sich vor, wir hätten diese Fähigkeit nicht, müssten wir unser ganzes Leben lang vor Verlusten und der damit einhergehenden Trauer fliehen. Unser Leben würde unerträglich werden, denn es ist unser Schicksal von Geburt an bis zum Tod, uns immer wieder mit Abschieden auseinanderzusetzen und Verluste zu akzeptieren.

1.2 Trauer in unserer modernen Gesellschaft

Sie wird nicht mehr vergeblich gesucht, doch wirklich leicht zu finden ist sie auch nicht. In unserer Gesellschaft stolpert man viel mehr unbeabsichtigt über die Trauer. Wenn man dann zu Boden gefallen ist, wird sich vielleicht kurz mit ihr beschäftigt, man schaut sich möglicherweise kurz an, was einen da zu Fall gebracht hat, und dann wird abgewartet, bis man wieder unerwartet über sie stolpert. Das ist in unserer modernen Gesellschaft leider immer noch deutlich wahrzunehmen. Die Distanz zu diesem Thema ist regelrecht spürbar, gerade dann, wenn man sich persönlich etwas mehr damit befasst und etwas offener als der größte Teil der Gesellschaft mit dem Thema Tod und Trauer umgeht.

In modernen Industriegesellschaften wird der Tod ausgegrenzt, weil er nicht in das naturwissenschaftlich geprägte Weltbild von der Naturbeherrschung passt. Dafür spricht z.B., dass es allgemein gültige, sinnstiftende und akzeptierte Bilder und Rituale in Bezug auf Sterben, Tod und Trauer kaum noch gibt.[17]

Diese Feststellung von Bödiker und Theobald zeigt einmal mehr, dass Trauer in der Gesellschaft immer noch mit einem Makel behaftet ist. Es gibt zu viele Menschen in unserer modernen Gesellschaft, die mit ihrer Trauer allein gelassen werden. Das führt schnell dazu, dass die Menschen sich isolieren bzw. automatisch isoliert werden. Sie sind einsam, und das kann auch zu gesundheitlichen Folgen führen. Die Autoren Evangelia Tsiafouli und Sven Sohr beschreiben diese Gegebenheit in ihrem Buch „Die Kunst des Trauerns" mit den folgenden Worten. „Unsere moderne Gesellschaft verhält sich der

[16] Vgl. Bödiker/ Theobald, 2007, S. 25.

Trauer gegenüber „duldend ungeduldig“.“[18] Nur sehr wenigen Menschen ist bewusst, wie wichtig es ist, zu trauern. Trauern gehört zu einem wirklichen und sehr wichtigen Abschied nehmen von geliebten Menschen dazu. Die Trauererfahrung muss durchlebt werden, um eine Ablösung beziehungsweise einen Abschied zu vollziehen. Oft wird die Trauer falsch eingeschätzt und als Krankheit betrachtet, als etwas, was mit Medikamenten zu behandeln ist, bis es wieder verschwindet.[19]

In diesem Zusammenhang ist eine Beispielgeschichte aus der Erfahrung von Canacakis hilfreich, um die Notwendigkeit natürlicher Trauer, die oft von der Gesellschaft verhindert wird, zu verdeutlichen. Es handelt sich um eine 35jährige Frau, die nachts nicht mehr schlafen konnte und ihre Freundinnen zu Hilfe bitten musste, damit diese nachts bei ihr blieben. Sie berichtet von ihrem unruhigen Herzen, dass sie das Gefühl habe, es würde auseinanderbrechen. Sie hat Tabletten genommen und sich mehreren Untersuchungen unterzogen. Die Ärzte diagnostizierten eine vegetative Störung mit herzneurotischen Symptomen. Die Frau ist verzweifelt und sucht Herrn Canacakis auf, der sich ihrer annimmt und mit weicher Stimme fragt: „Wenn dein Herz zu mir Vertrauen hätte, was würde es mir erzählen, warum es gebrochen ist?“[20] Die Frau beginnt zu weinen und erzählt von ihren drei kleinen Kindern und ihrem verstorbenen Mann, von ihren ungeweinten Tränen, ihrer Haltung, dass sie Stärke zeigen soll. Und von ihrer Unfähigkeit, sich zu der damaligen Zeit mit einem Aufschrei gegen den Verlust zu wehren. Sie durfte ihre Trauer niemandem lange zeigen, ihren Eltern und ihren Freundinnen nicht. Es ist für sie unerträglich, aber sie könne ihr Leid niemandem zumuten.[21] „Alle haben den Eindruck, daß sie mit dem Verlust schon seit langem fertig geworden ist. Fertig ist sie schon aber mit ihrer Gesundheit.“[22] Nach dem Gespräch ist sie sehr verwundert darüber, dass es ihr nun besser geht. Dieses Beispiel zeigt,

[17] Ebd. 2007, S. 26.
[18] Tsiafouli/ Sohr, 2007, S. 73.
[19] Vgl. Tsiafouli/ Sohr, 2007, S.73.
[20] Canacakis, 1993, S. 41.
[21] Vgl. ebd. S. 40f.
[22] Ebd. S. 41.

dass die trauernde Frau jahrelang ihr Herz gequält hat, bis sich das Herz selber bemerkbar machte und sich mitteilte. Die Geschichte stellt noch einmal deutlich dar, dass getrauert werden muss, um nicht an der eigenen Trauer zu erkranken. Auch dass man sich nicht von der Gesellschaft davon abhalten und sich einreden lässt, man müsse nun stark sein, wegen wem oder für wen auch immer. In diesem Fall wird von der Mutter, die um ihren Mann trauert, erwartet, für die Kinder stark zu sein. Die Forschung weiß schon länger, dass jeder Mensch anders trauert und sich die Trauer bei jedem anders äußert, was von den unterschiedlichsten Faktoren abhängt. Es ist wichtig, dass die Gesellschaft die Trauer ihrer einzelnen Mitglieder akzeptiert und ihnen den Raum zum Trauern einräumt, damit sie eben nicht erkranken und ihre Funktion in dem System Gesellschaft fortführen. Die Situation, in der sich eine trauernde Person befindet, spielt nämlich eine große Rolle für den Verlauf der Trauer. „Unerledigte Trauer kann die Gesundheit stark und dauerhaft beeinträchtigen.“[23] Die Gesellschaft bietet den Trauernden keine Hilfen mehr an, sondern sie verweist auf Institutionen, die sich dieser Aufgabe annehmen sollen, wie z.B. Krankenhäuser, Bestattungsunternehmen und Hospize. Der Nachteil ist jedoch, dass dieser Vorgang oft ohne jegliche Prüfung der Institutionen abläuft, eine Prüfung dahingehend, dass sicher gegangen werden kann, dass diese auch in der Lage und vor allem willens sind, sich mit dem Tod und der Trauer auseinanderzusetzen und dies hilfreich zu regeln.[24] In diesem Sinne gibt die Gesellschaft die Verantwortung für ihre Trauernden ab und weiß sie oft nicht mal in sicheren Händen. Für die Trauernden steht fest, dass eine Trauerkultur verloren geht. Ein Grund dafür ist, dass die Gesellschaft sich dahin verändert hat, dass individuelle Probleme und Schicksale nur noch eine untergeordnete Rolle spielen und Tod und Trauer dabei leider keine Ausnahmen sind. Ein weiterer Grund ist, dass alte Todesbilder, also Vorstellungen von dem Tod, ihre Gültigkeit verloren haben. Viele dieser Bilder und Vorstellungen seien auch verantwortlich für die Ängste der Menschen im Umgang mit dem Tod (Gericht, Strafe, Hölle, Fegefeuer usw.).[25] Die Ver-

[23] Ebd. S. 42.
[24] Vgl. Bödiker/ Theobald, 2007, S. 27.
[25] Vgl. Bödiker/ Theobald, 2007, S. 27.

treter des veränderten Todesbildes sehen es lediglich nur als eine Frage der Zeit, wann sich das naturwissenschaftliche Todesverständnis durchsetzen wird. Der Verlust von alten Sitten und Ritualen ist wohl so nicht mehr aufzuhalten oder rückgängig zu machen. Für Bödiker und Theobald ist dies nicht wünschenswert. „Sinnvoll wäre es allein, neue angemessenere Rituale zu entwickeln und sich neu entwickelnde zu unterstützen."[26] Der Verlust der Trauerkultur verunsichert die Menschen, die mit Krisen zurechtkommen müssen. Nicht nur weil Rituale fehlen, sondern weil auch sehr unterschiedliche gesellschaftliche Vorstellungen davon existieren, wie Trauer auszusehen hat.

1.3 Gründe für die Tabuisierung der Trauer

Die meisten Menschen sehen den Tod als etwas Unnatürliches an. Ein Blick in die Krankenhäuser und in die Intensivstationen zeigt, wie der Tod mit aller Macht bekämpft wird, oft auf Kosten der Würde des zu behandelnden Menschen. Dass der Tod zum Leben dazugehört, wird meist nur schwer akzeptiert. „Der Tod als Lebenstatsache ist ein Tabu."[27] Dass der Tod und das Sterben natürliche Ereignisse sind, genauso wie die Geburt ein natürliches Ereignis ist, wird nicht sonderlich beachtet. Dies hat aber enorme Auswirkungen auf unser Leben und auf unser Verhalten. Die Menschen beschäftigen sich nicht umsonst mit ihrer Todes-, Zukunfts- und Lebensangst. Sie fühlen sich unsicher. Sie verdrängen die natürliche Trauerreaktion, was zu unterschiedlichen Krankheiten führen kann. So wird im vorherigen Punkt bereits erwähnt, dass die Unterdrückung von Trauer sich in psychischen und physischen Erkrankungen äußern kann. Auch dass Trauern ein Prozess ist, der Hilfe bzw. Erleichterung bringen und gesundheitsfördernd wirken kann, ist bekannt. Trotzdem ist die Tendenz feststellbar, dass die Fähigkeit und der Wunsch zu trauern, ständig abnehmen.

Tsiafouli und Sohr erwähnen, dass auch die Einstellung der Kirche nicht wirklich fördernd für die Trauerbewältigung ist. „Obwohl der Schöpfer den Menschen von Anfang an als etwas Ganzes und Lebensfähiges geschaffen hat, hat die christliche Kirche in der Frage von Verlust und Trauer manches über-

[26] Bödiker/ Theobald, 2007, S. 27.

sehen."[28] Die christliche Kirche schafft sozusagen einen Übergang zwischen dem Leben und dem Tod, nämlich dadurch, dass die Religion vorgibt, dass es ein Leben nach dem Tod gibt. Lebt man nach diesen Glaubensvorstellungen, so sind die verstorbenen Menschen ja nur „vorübergehend" tot. So wird die Trauer nur verdrängt und der Mensch vertröstet. Ein endgültiger und heilsamer Abschied ist nur schwer vorstellbar. Betroffene tragen den Verlustschmerz tapfer, immer mit der Angst verbunden, bei anderen als ungläubig zu erscheinen. Sie reagieren auf ihr Bedürfnis, sich auszuweinen, mit Schweigen und Verschweigen.[29] Dieser Zustand führt zwangsläufig zur Isolation der Menschen, zu Verlassenheit und dem Verlust des eigenen Lebenswillen. Dies ist in Beziehung zu setzen mit der lebenshemmenden Trauer, die von Canacakis beschrieben wird.

Es handelt sich hierbei um ein verdrängtes, verleugnetes, vermiedenes und nicht angenommenes Gefühl, das sich schließlich in einer schmerzhaften Revolte gegen uns richtet, um sich für all die erfahrenen Unterdrückungsmaßnahmen, die Blockaden und Verbote, denen es ausgesetzt war, zu rächen und sich in hilfloser Gewalt einen Weg in die Freiheit zu bahnen.[30]

Der richtige Weg wäre die lebensfördernde Trauer. Ein befreiender, unverfälschter Gefühlsausdruck, der reinigt und die Gesundung nach dem Abschied unterstützt.[31] Dadurch dass sich das Leben heute in die Städte verlagert hat und nicht mehr so intensiv in den Dörfern stattfindet, verlieren soziale Netzwerke wie die Großfamilie oder die früher noch vorhandenen Netzwerke von Nachbarschaft und Dorfgemeinde an Bedeutung und Qualität. So ist die Gefahr größer, dass die Menschen mit ihrer Trauer allein sind und bleiben, was wiederum zur Isolation führt bzw. diese begünstigt. Des Weiteren greifen Tsiafouli und Sohr noch den Punkt der leistungsorientierten Gesellschaft auf, in der es, wie bereits bekannt, keinen Raum für die Trauer gibt. Worte wie Hilfsbereitschaft und Solidarität bleiben in den meisten Fällen leere Floskeln.

---

[27] Tsiafouli/ Sohr, 2007, S. 74.

[28] Ebd. S. 75.

[29] Vgl. Tsiafouli/ Sohr, 2007, S. 75.

[30] Canacakis,1991, S. 27.

[31] Vgl. ebd., S. 26.

In unserer leistungsorientierten Gesellschaft, in der „die Menschen auf jung, schön, erfolgreich, glücklich und langlebig programmiert sind, wird Trauer zum Feind erklärt."[32] Ebenso fehlt der soziale Raum, der es den Trauernden ermöglicht, auch tatsächlich zu trauern. Die Möglichkeit besteht höchstens auf einer unter anderem extra dafür eingerichteten Palliativstation oder in einem Hospiz. Auf einer Intensivstation zwischen dünnen Vorhängen, die ein Bett von dem anderen trennen, haben die Trauernden keine Möglichkeit, ihrer Trauer freien Lauf zu lassen. Sie haben keine Privatsphäre und werden dadurch eher noch vorgeführt, als in Ruhe gelassen. Nicht zuletzt zieht ein Todesfall eine Menge Bürokratie nach sich, der die trauernden Angehörigen meist hilflos ausgesetzt sind. Auch das ist ein Grund, die Trauer erstmal aufzuhalten und sich nicht mit ihr zu beschäftigen, sie nicht zuzulassen. Wie Tsiafouli und Sohr schließlich ausführen, „fehlen auch geeignete Rituale, die den Trauerverlauf auffangen, sichern und im Ausdruck unterstützen."[33]

1.4 Auswirkung der nicht gelebten Trauer

Wir wissen nun bereits, dass sich die Trauer einen Weg sucht, um sich auszudrücken. Dass es zwar eine zeitlang funktioniert, sie zu unterdrücken, es aber nie gelingen wird, sie vollständig zu verdrängen oder zu vergessen. Hindern wir die Trauer daran, sich auszudrücken, passiert es schnell, dass ihr ein nicht korrekter Ausdruck verliehen wird. „Dann zeigt sie sich in Schweigen als falscher Ausdruck und die echte Trauer bleibt im Körper und wirkt sich im Untergrund und ohne unser Wissen zerstörerisch aus."[34] Im Körper gefangen, kann sie dann einen ungeheuerlichen Schaden anrichten, angefangen bei Störungen des gesamten Nerven- und Hormonsystems, bis hin zu Depressionen, Krebserkrankungen oder Allergien. Ein Mensch, der bereits Trauer in seinem Leben erlebt hat, wird festgestellt haben, dass sie nicht nur das Innere unseres Körpers verändert, sondern auch das Äußere. Die Umwelt wird anders wahrgenommen, Beziehungen werden anders aufgebaut und geführt. Man wird sensibler für die kleinen Dinge im Leben. Der Mensch verändert

[32] Tsiafouli/ Sohr, 2007, S. 75.

[33] Ebd. S. 76.

[34] Tsiafouli/ Sohr, 2007, S. 76.

sich, jeder auf seine Weise. Der eine wird zurückhaltender und vielleicht auch abgestumpfter und kühler in seinem Verhalten, andere wiederum werden nachdenklicher und vorsichtiger. Es gibt so viele unterschiedliche Auswirkungen von Trauer, wie es Menschen gibt. Wichtig dabei ist nur, dass man sie lebt und zulässt und nicht versucht, sie im übertriebenen Maße zu kontrollieren, so dass man sich Schaden zufügt.

„Die Verdrängungstheorie von Tod und Trauer ist in den letzten Jahrzehnten in verschiedenen Varianten aufgestellt und popularisiert worden."[35] So sprechen unter anderen Alexander und Margarete Mitscherlich über die Unfähigkeit zu trauern. Sie untersuchten in einer psychoanalytischen Studie die Entwicklung der Bundesrepublik Deutschland, bezogen auf die nicht ausreichende Verarbeitung der Erfahrungen während der Nazizeit in Deutschland. Das Ehepaar forschte nach Gründen für das Ausbleiben angemessener Trauerreaktionen des deutschen Volkes nach dem zweiten Weltkrieg. Ihr Ergebnis war, dass dies mit einer Kränkung des Selbstwertgefühles der Deutschen zu tun hat, was sie sich aber nicht eingestehen wollten, wie auch das Leugnen des kollektiven Schuldeingeständnisses. Diese Gründe haben zur Verdrängung der schlimmen Vergangenheit beigetragen. „Der Unfähigkeit zu trauern ist also unsere weniger einfühlende als auf Selbstwertbestätigung erpichte Art zu lieben vorangegangen."[36] Es trat eine gewisse Erleichterung ein und der wirtschaftliche Aufschwung in der Nachkriegszeit begünstigte die Einstellung der Deutschen. Das Wirtschaftswunder nahm alle Kräfte in Anspruch und führte zu einem kollektiven Gefühl der Überlegenheit. Die Verbrechen wurden ausgeblendet. Die Autoren sind für eine kollektive Aufarbeitung der Nazizeit, damit sich diese schlimme Zeit nicht mehr wiederholt. „Die Verbreitung dieser und ähnlicher Konzepte trägt zu der Auffassung bei, dass die moderne Gesellschaft enorme Probleme hat, ein unverkrampftes Verhältnis zu Tod und Trauer zu entwickeln."[37] Betrachtet man hier das oft immer noch unwürdige Sterben der Menschen in Krankenhäusern oder Pflegeheimen, oft allein und sich selbst überlassen, bestätigt dies diese Aussage. Die Menschen blenden

[35] Goldbrunner, 2006, S. 55.
[36] Mitscherlich, 1977, S. 79.
[37] Goldbrunner, 2006, S.57.

den Tod aus dem öffentlichen Leben aus. Das geschieht oft sehr bewusst, auch weil sie glauben, sich an Gesetze und Normen halten zu müssen. Sie dürfen nicht so trauern oder sich so verabschieden, wie sie es für sich als richtig empfinden. Das sieht man z.B. an dem Gesetzesentwurf, für den Eltern und Ärzte lange gekämpft haben, bis er am 1. April 1994 endlich in Kraft trat. Eltern bekommen in Deutschland ab diesem Tag erstmals das Recht, ihre totgeborenen Kinder, die nur zwischen 500 und 1000 Gramm wiegen, zu beerdigen. Dieses Gesetz wird in dieser Arbeit noch ausführlicher thematisiert. Eltern totgeborener Kinder wurden dazu gezwungen, ihre Trauer zu unterdrücken und daran gehindert, sie auszuleben, weil sie ihre toten Kinder nicht beerdigen durften.

Es ist also festzustellen, dass es verschiedene Gründe aus verschiedenen Richtungen gibt, die für das Tabuthema Trauer verantwortlich sind. Hans Goldbrunner sieht die Gründe zum einen auf der gesellschaftlichen Ebene, die postuliert, dass der Tod nicht in die moderne, leistungsbezogene und schnelllebige Zeit passt und so aus dem öffentlichen Leben ausgegrenzt wird.[38] Außerdem ist der Verlust der Trauerriten zu konstatieren, da die traditionellen Kirchen mit ihrem ausgeprägten Totenkult an Einfluss verlieren und auf der anderen Seite nichtreligiöse Trauerrituale größere Bedeutung erlangen. Ein weiterer Grund ist auf der psychologischen Ebene zu finden: Hier werden persönliche Defizite auf einen speziellen epochalen Hintergrund bezogen, der für die Unfähigkeit zu trauern in Betracht kommt.[39] Wie bereits erwähnt, ist der Verfall der Großfamilie, die als großer Rückhalt während des Trauerprozesses anzusehen ist, bedeutsam. Tsiafouli und Sohr beschreiben diese Prozesse folgendermaßen: „Eine sonderbare Situation: einerseits die trainierte Unfähigkeit zu trauern und andererseits die Notwendigkeit, mit Trauer umgehen zu müssen."[40] Trauernde sind unverkennbar einem starken inneren und äußeren Druck ausgesetzt. Sie sollen auf der einen Seite ihre Trauer verdrängen oder auf der anderen Seite, wenn dies nicht vollständig gelingt, zumindest im öffentlichen Leben so tun, als seien sie funktionsfähig.

---

[38] Vgl. Goldbrunner, 2006, S. 57.
[39] Vgl. ebd., S. 57.
[40] Tsiafouli/ Sohr, 2007, S. 76.

„Gefühle sind nicht voneinander zu trennen. Sie sind alle Teil einer einzigen Energiequelle.“[41] Das bedeutet, dass die verschiedenen Gefühle nebeneinander stehen, die positiven, fröhlichen und gern erlebten Gefühle ebenso wie die negativen, traurigen, nicht so gern erlebten Gefühle. Menschen erleben sie aber beide, die positiven und die negativen Gefühle, und müssen versuchen, mit beiden zu leben. Das fällt uns bei dem Ausleben der positiven Gefühle natürlich leichter, doch nicht alle Menschen können auch die negativen Gefühle leben. Ihnen fehlt dann etwas zum ganzen Gefühlserleben, nicht zuletzt, weil sie bewusst versuchen, sich dagegen zu wehren. Diese Menschen blenden ihre Gefühle in Bezug auf die Trauer aus. Sie sind 'gefühlsblind'. Die Trauernden möchten die Gefühle in sich nicht sehen und verschließen sich vor ihnen. Damit setzen sie sich bewusst den Auswirkungen ihrer nicht gelebten Trauer aus. „Es gibt ein bedauernswertes Bild, wie viele Menschen um uns und unter uns sich als gefühlsbehindert erleben, besonders wenn es um die Trauer geht.“[42] Das, was diese Menschen dann letztlich bemerken, ist, wie sie schwächer werden, wie sie an Depressionen leiden, wie ihr Körper rebelliert und wie sie sich von der Außenwelt abschotten und im schlimmsten Fall ihre Lebensmotivation verlieren. Gerade hier lässt sich wieder erkennen, wie wenig Unterstützung den Trauernden zur Verfügung steht. „Vor allem gesellschaftliche Freiräume und Unterstützungsangebote für die Zeit der Trauer werden nicht mehr oder nur in äußerst begrenztem Umfang zugestanden, die Trauer wird privatisiert.“[43] Auch Tsiafouli und Sohr weisen darauf hin, dass bisherige Untersuchungen die Defizite und Versäumnisse unserer hoch technologisierten Gesellschaft im Bereich der Trauer leicht erkennen lassen.[44] Wichtig ist, dass man auch den Schluss daraus zieht und erkennt, dass eine Veränderung notwendig ist und ein größerer Unterstützungsapparat für Trauernde bereitgestellt wird, an dem sich auch die Gesellschaft beteiligen sollte. Vielleicht ist es ihr möglich mehr Akzeptanz zu schaffen und Freiräume zuzulassen.

[41] Tsiafouli/ Sohr, 2007, S. 77.
[42] Ebd. S. 77.
[43] Goldbrunner, 2006, S. 57.
[44] Vgl. Tsiafouli/ Sohr, 2007, S. 77.

1.5 Gleichgewicht zwischen Kontrolle und Ausleben der Trauer

Bisher lag der Fokus auf der Verdrängungstheorie der Trauer. Es wurde beschrieben, dass unsere Gesellschaft nicht fähig ist, Trauer zuzulassen und auszuleben. Dem soll im Einzelnen auch gar nicht widersprochen werden. Doch es muss in dem Zusammenhang auch angeführt werden, dass es nicht nur die Verdrängung gibt, sondern auch das übermäßige Ausleben der Trauer. Somit stellt sich die Frage, inwieweit Trauer in einer konkreten Situation zugelassen oder eben abgewehrt wird, und wie man das Zulassen der Trauer erleichtern kann bzw. welche Voraussetzungen dazu nötig sind.

Goldbrunner schreibt in seinem Buch, dass die Abwehr von Trauerelementen kein Privileg der modernen Gesellschaft darstellt, sondern eine verbreitete Grundhaltung erkennbar ist, die sich bereits in der Vergangenheit manifestierte.[45] Dabei fallen andere Kulturen auf, die einem auch während der eigenen Praxiszeit begegnet sind. Menschen aus den fernöstlichen Ländern, wie z.B. China oder Japan, haben eine sehr zurückhaltende Art, ihre Trauer nach außen zu zeigen. Ihre Rituale lassen diese Menschen eher in sich gekehrt, mit ihren Gedanken und Gefühlen in einer ruhigen Atmosphäre die Trauer erleben. Sie wirken somit auch angepasst und nach außen hin gefasst, was ihre Gefühle und ihren Schmerz betrifft. Deswegen kann man ihnen aber nicht unterstellen, dass sie womöglich ihre Trauer verdrängen, da es nur eine andere Art ist, mit der Trauer umzugehen, die auf kulturelle Unterschiede zurückzuführen ist. Anders ist es bei Angehörigen der südlichen Länder wie z.B. Italien oder Spanien: Dort ist zu beobachten, dass sie allein schon durch ihr Temperament eine andere Art des Trauerns ausdrücken. Sie zeigen sich in der Öffentlichkeit und geben ihrer Trauer freien Lauf, was sich sehr lautstark äußern kann. Die Menschen aus arabischen Ländern beklagen den Tod regelrecht, was sich auch durch laute Schreie oder sogar Zerreißen ihrer Kleider bemerkbar macht. Das sind zwei Beispiele, wie man die Trauer der verschiedenen Kulturen erleben kann. Beides sind Extreme, das eine zeigt das Ausleben der Trauer, das andere die starke Kontrolle der Trauer. „Trauer lässt sich aus dieser übergreifenden Perspektive kaum in ein normiertes

[45] Vgl. Goldbrunner, 2006, S. 59.

Schema von Abwehr oder Ausagieren pressen, sondern erweist sich sehr flexibel und anpassungsfähig."[46] Wir wissen bereits, dass die Trauer so unterschiedlich ist, wie die Menschen, die sie betreffen kann. Wenn man nun auch noch die verschiedenen Kulturen berücksichtigt, wird deutlich, dass in der einen Kultur mehr Toleranz gegenüber den Trauernden aufgebracht wird und in anderen Kulturen der Raum für die Trauer doch eher eingeschränkt ist. Man kann daraus schließen, dass weder die völlige Unterdrückung und Verdrängung der Trauer noch die extremste Art, sie auszulassen, möglich ist. Was man in dem Zusammenleben mit Menschen anderer Kulturen mitbekommt, ist wohl eher ein Erleben von Zwischenstufen der beiden Extreme. Die Verarbeitung des eingetretenen Verlustes wird sich wohl immer zwischen Zurückhalten und Zulassen bewegen. So wie es dann auch schon in der Vergangenheit gewesen sein muss, als es noch keinen Verdrängungstrend zu sehen gab. Goldbrunner spricht hier von einer Zensur, der die Trauer unterliegt, und das nicht erst seit der neueren Zeit. Diese Zensur sei zwar unterschiedlich stark ausgeprägt, aber dennoch immer vorhanden, in der Vergangenheit wie auch in der Gegenwart.[47] Trauer wird auf mehreren Ebenen kontrolliert, z.B. auf der gesellschaftlichen durch bestimmte Wertvorstellungen, die in der jeweiligen Gesellschaft herrschen, durch Leitbilder und auch durch vorgegebene Trauerriten. Betrachtet man die familiäre Ebene, so sind hier Beziehungen, Kommunikationen und die alltäglichen Aufgaben wichtige Faktoren. Wie aus eigener Erfahrung zu berichten ist, werden hier erst oft der bürokratische Weg oder die eventuell entstandene wirtschaftliche Misslage oder vorher bereits vorhandene Probleme in den Vordergrund gestellt. Erst müssen diese Probleme gelöst sein, bevor man der Trauer ihren Platz lässt. Eine mögliche Erklärung dafür könnte sein, dass als Zensurinstanz in erster Linie individuelle Faktoren in Frage kommen, wie ein niedriges Selbstwertgefühl, Bindungsunsicherheiten, Ängste und auch ein Wiedererfahren bereits erlebter Verlusterfahrungen und deren Nachwirkungen.[48] Letztlich kontrolliert der Mensch also sein Trauerverhalten schon zur eigenen Sicherheit selbst. Wie bereits

[46] Goldbrunner, 2006, S. 60.
[47] Vgl. ebd., S. 60.
[48] Vgl. Goldbrunner, 2006, S. 61.

selber erlebt, kostet trauern sehr viel Kraft und nimmt einem Menschen die Energie, die für andere lebenswichtige Aufgaben benötigt wird. „Die Kontrolle steht im Dienst des gesamten psychischen und sozialen Funktionierens, dem in der Regel Vorrang vor dem Ausleben eingeräumt wird.“[49] Der Mensch versucht also, seine Energie aufzuteilen. Er benötigt Energie zum Weiterleben, auch wenn man sich gerade in einer großen Krise befindet. Findet der Verlust in einer entscheidenden Phase des Lebens statt, die sehr wichtig für den Trauernden ist, z.B. den bevorstehenden Schulabschluss zu bestehen, so kann es sein, dass es zu einer Unterdrückung des Schmerzes und der Trauer kommt. Diese Unterdrückung findet dann als Selbstschutz statt, in dem Sinne, die schon tragische Situation nicht noch zu verschlimmern. Auf das Beispiel Schulabschluss bezogen, wäre es eine Verschlimmerung der Situation, den angestrebten Schulabschluss nicht zu bestehen. Die Unterdrückung ist dann nicht als pathologisches Phänomen anzusehen, sondern viel mehr als positive Aufschiebung. Goldbrunner sieht darin eine Chance, um die Bewältigung der realen Krise zu gewährleisten, und erkennt, dass es in einem weiteren Schritt eine bessere Basis für die Trauer schafft.[50] Während der Arbeit mit Trauernden sollte also berücksichtigt werden, dass bei einer Blockade der Trauer immer auch nach den Hintergründen gefragt wird. Weit verbreitet ist der Grundsatz, der blockierten Trauer zum Ausdruck zu verhelfen, damit die Trauer „fließen“ kann. Wenn aber nur darauf abgezielt wird, die Trauer zuzulassen, ohne die gesamten Lebenshintergründe zu berücksichtigen, besteht die Gefahr der Einseitigkeit: „Eine angemessene Begleitung Trauernder sollte nicht eingleisig darauf ausgerichtet sein, die Realisierung der Trauer voranzutreiben, sondern hat die Rolle der Zensur angemessen zu berücksichtigen.“[51]

---

[49] Goldbrunner, 2006, S. 61.

[50] Vgl. ebd., S. 61.

[51] Goldbrunner, 2006, S. 62.

2 Die Trauer um ein Kind

„Wenn Liebe einen Weg zum Himmel fände und Erinnerungen Stufen hätten, würden wir hinaufsteigen und euch wieder zurückholen."
(Autor Unbekannt)

Dieses Kapitel beschreibt nicht das „richtige" oder das „falsche" Trauern von Männern und im Speziellen von Vätern, die ihre Kinder verloren haben. Es soll ein Versuch sein, die Trauer von Vätern zu beschreiben, die ihre Kinder durch eine Tot-, Fehl-, Frühgeburt oder den plötzlichen Säuglingstod gehen lassen mussten. In diesem Kapitel werden Hintergründe aus dem soziologischen Bereich angeführt, die als Erklärungsansätze dienen. Die Frage, welche Faktoren berücksichtigt werden müssen, um zu verstehen, warum die Trauer der Väter zwar eine andere, aber deshalb nicht weniger schmerzhafte ist als die der Frauen und Mütter, steht hierbei im Mittelpunkt. Dass die Identität des Mannes gefährdet ist und dass sein Selbstwert sinkt, sind nur zwei mögliche Folgen der Trauer, mit der ein Mann, der sein Kind verliert, zu kämpfen hat.
Dieses Kapitel soll bewirken, das Außenstehende mehr Verständnis für diese Väter aufbringen, um sie besser zu verstehen und zu erkennen, dass ihre Trauer gegenwärtig ist. Väter trauern auch: Sie sind ebenso betroffen wie Mütter, vielleicht trauern sie einfach auf eine andere Art und Weise. Der Tod eines Kindes ist nicht nur ein stiller Tod, so wird die Totgeburt bezeichnet, sondern auch ein unsichtbarer Tod. „Eltern erleben auch heute noch in manchen Kliniken, dass ihnen von Ärzten oder Pflegenden verweigert wird, ihr Kind zu sehen."[52] Dieser Umstand macht den Verlust des Babys für die Eltern noch unbegreifbarer, als er es sowieso schon ist, und macht den Tod im wahrsten Sinne unsichtbar. Stirbt ein Kind plötzlich ohne Vorwarnung, können sich die Eltern nicht darauf vorbereiten. Die positiven Gefühle und die frohe Erwartung schlagen um in Verzweiflung, Zorn, Wut, Ohnmacht und tiefe Erschütterung.

---

[52] Nijs, 2003, S. 17.

Im Folgenden werden Definitionen aufgeführt, die die unterschiedlichen Todesursachen und Zeitpunkte der Kinder erklären sollen. Diese sichern das notwendige Verständnis, um die anschließenden Berichte der Väter besser nachvollziehen zu können. Zudem wird in diesem Kapitel herausgestellt, was es bedeutet ein Vater zu sein, und wie schwer es für einen Mann sein kann, sich mit dem Gedanken anzufreunden, bald die Verantwortung für ein eigenes Kind zu tragen. Die Erlebnisberichte von trauernden Vätern werden einen Einblick in ihre Gefühlswelt geben und ihre traurige Situation widerspiegeln.

2.1 Der Zeitpunkt des Todes eines Kindes

Im Jahr 2007 erblickten 684.862 Kinder in Deutschland das Licht der Welt. Davon starben über 5.027 Babys. Von diesen Kindern wurden 2371 totgeboren. Die anderen 2.656 Kinder starben bis zu ihrem ersten Lebensjahr an verschiedenen Todesursachen. Das zieht eine erschütternde Bilanz nach sich: So starben insgesamt 825 Kinder bereits nach den ersten 24 Stunden, 599 Säuglinge noch in den ersten 7 Tagen ihres kurzen Lebens. 398 Kinder starben den Neugeborenentod bis zum 28. Tag und eine erschütternde Zahl von 834 Kindern starb bis zu ihrem ersten Lebensjahr. Die genauen Todesursachen sind aus den Tabellen des statistischen Bundesamtes zu entnehmen.[53]

In unserer heutigen Zeit begegnen die Menschen dem Tod meist erst in einem fortgeschrittenen Alter. So sorgt der Tod eines Kindes, der in jedem Fall viel zu früh eintritt, bei den Eltern, der Familie, Freunden, Bekannten und bei professionellen Begleitern, wie Ärzte und anderes Fachpersonal, immer für Unverständnis und Sprachlosigkeit. Die bis dahin gesteckten Ziele, Träume und Wünsche der Eltern zerplatzen wie eine Luftblase und sie fühlen sich ohnmächtig. „Eltern erfahren diese besonders als existentielle Erfahrung der eigenen Machtlosigkeit gegenüber Leben und Tod."[54] Der Mittelpunkt des Lebens, den es bis zum Zeitpunkt des Todes des Kindes für die Eltern noch gegeben hat, existiert nicht mehr. Die Familie, die entstehen oder erweitert werden sollte, gerät aus dem Gleichgewicht. Ihr Status als Familie scheint sogar

[53] Vgl. Tabelle Statistisches Bundesamt, 2007, Anhang: 1.

bedroht, wenn das erste oder einzige Kind stirbt. Die Mutter ist für die Öffentlichkeit keine Mutter mehr, da sie kein Kind mehr hat. Sie kann höchstens noch als Mutter eines toten Kindes bezeichnet werden, was für sie sicherlich keinen Trost darstellt. Wenn diese Eltern ihrer Trauer freien Lauf lassen, löst dies immer noch Unsicherheit und Angst in ihrem Umfeld aus, was auf die allgemeine Abwehrhaltung der Gesellschaft zurückzuführen ist. Gerade beim Tod eines Kindes sind die Unsicherheit und die Hilflosigkeit des Umfeldes noch viel größer als beim Tod einer Person hohen Alters. Noch schlimmer ist es, wenn die Eltern durch den Zeitpunkt des Todes ihres Kindes keine Möglichkeit mehr haben, sich von ihrem Kind zu verabschieden. Die unterschiedlichen Zeitpunkte, die visualisieren, wann ein Kind versterben kann, werden anschließend aufgeführt. Es wird verdeutlicht, welchen Einfluss der Zeitpunkt des Todes auf den Trauerverlauf der Eltern hat. Diese Darstellung erfolgt zunächst auf eine eher emotionslose Art und Weise, da es aus medizinischer und gesetzlicher Sicht erfolgt. Zu einem späteren Zeitpunkt werden auch „Erlebnisberichte" in die Arbeit einfließen, die wesentlich mehr Raum für die Emotionen der Betroffenen bieten.

2.1.1 Die Fehlgeburt

In Deutschland spricht man von einer Fehlgeburt, wenn ein totes Baby unter 500 Gramm wiegt und keines der lebenswichtigen Merkmale aufweist. Dazu gehört eine selbstständige Lungenfunktion, ein Herzschlagen oder ein Pulsieren der Nabelschnur.[55] Die Mediziner sprechen von einem Embryo, wenn sich ein Kind noch in der Organentwicklungszeit befindet. Nach der 12 SSW (Schwangerschaftswoche) spricht der Mediziner von einem Fetus. In den ersten drei Schwangerschaftsmonaten treten cirka 75 % der Fehlgeburten auf.[56] Eine Fehlgeburt kann sich durch Blutungen ankündigen, denen krampfartige Schmerzen folgen. Es kann auch sein, dass der Frauenarzt bei einer Vorsorgeuntersuchung feststellt, dass das Kind nicht mehr lebt bzw. die Frau nicht mehr schwanger ist. Fehlgeburten werden anders als Totgeburten in

[54] Holzschuh, 1998, S. 49.
[55] Vgl. § 29, Abs. 3, PersStdGAV.
[56] Vgl. Lothrop, 1998, S. 26.

Deutschland nicht im Personenstandsbuch oder im Sterbebuch aufgeführt.[57] So kann hier keine genaue Zahl genannt werden. Sie gelten nicht als Lebewesen, und die Eltern bekommen daher auch keine Möglichkeit, ihr Kind namentlich eintragen zu lassen.

Ursachen für eine solche Fehlgeburt können folgende sein: Im „Normalfall" entwickelt sich aus einer Eizelle der Frau und einem Samen des Mannes ein Mensch, der alle Funktionen besitzt, die er zum Überleben und zum Heranwachsen braucht. Wenn aber nicht alles planmäßig verläuft, hilft sich die Natur oft selber, indem sie ihre Arbeit selbstständig abbricht. Durch ein z.B. fehlerhaftes Ei der Mutter oder durch eine nicht intakte Samenzelle des Vaters kann eine Fehlentwicklung des Kindes entstehen. Andere Ursachen sind die wohl bekanntesten Gefahren, die man während einer Schwangerschaft beachten muss: Die Frau sollte während der Organentwicklung des Kindes keinerlei Bestrahlung, bestimmten Medikamenten, Chemikalien oder anderen schädlichen Umwelteinflüssen ausgesetzt sein. Aus medizinischer Sicht können Fehlgeburten aber auch durch Myome (eine gutartige Geschwulst an der Gebärmutter), Entzündungen, Narben von Operationen oder sogar durch die Spirale herbeigeführt werden. Dies sind alles Umstände, die das Einnisten der Eizelle in die Gebärmutter erschweren. Auch muss eine Schwangerschaft chirurgisch beendet werden, wenn eine für die Frau gefährliche Eileiter- oder Bauchhöhlenschwangerschaft diagnostiziert wird. Hormonstörungen oder eine Muttermundschwäche können ebenfalls ein Grund für eine Fehlgeburt sein. In einigen Fällen wird eine Fehlgeburt auch durch ein traumatisches Erlebnis, durch Schock, einen Unfall oder einen diagnostischen Eingriff ausgelöst, um hier nur einige Ursachen zu nennen.[58]

2.1.2 Die stille Geburt

Ein Kind, das über 500 Gramm wiegt und im Bauch der Mutter oder während der Geburt stirbt, gilt in Deutschland gesetzlich als Totgeburt. In diesen Fällen hat das Herz nicht geschlagen, die Nabelschnur nicht pulsiert und keine na-

---

[57] Vgl. § 21, Abs. 2, PStG.

[58] Vgl. ebd., S. 27.

türliche Lungenatmung eingesetzt.[59] Erst seit der Änderung des Personenstandsgesetzes (§24) am 01. Juli 1998 dürfen diese Kinder in das Geburtenbuch eingeschrieben werden und auf Antrag der Eltern auch mit dem Vornamen registriert werden. Vor diesem Gesetz erhielten die Eltern lediglich eine Totenbescheinigung, ohne den Namen eintragen zu können. Es wurde nur das Geschlecht und der Nachname des Kindes vermerkt.
Leider sterben auch heute noch viele Säuglinge im Bauch der Mutter, weil ihre Nabelschnur sich um ihren Hals gelegt, sich verknotet oder sich der Mutterkuchen plötzlich abgelöst hat. Beide Vorkommnisse haben zur Folge, dass das Kind keinen Sauerstoff mehr bekommt.[60] Auch in den letzten drei Monaten der Schwangerschaft können die Gründe für den Tod des Kindes durch Fehlbildungen und Infektionen hervorgerufen werden. Nicht selten treten Fälle auf, in denen sogar eine Autopsie des kleinen Körpers keine Klarheit über die Todesursache gibt.

2.1.3 Die Frühgeburt

Eine Frühgeburt wird nach deutschem Recht auch als Lebendgeburt bezeichnet. Atmet das Kind bzw. das Neugeborene nach der Trennung vom Mutterleib selbstständig, schlägt das Herz oder pulsiert die Nabelschnur, wird aus dem Neugeborenen eine juristische Person, der die Eltern einen Namen geben müssen.[61] Wenn ein Kind lebend geboren wird, jedoch innerhalb der ersten 28 Tage verstirbt, ist dies ein Neugeborenentod, wie auch der Tabelle des statistischen Bundesamtes zu entnehmen ist. Verstirbt das Kind bereits während der ersten sieben Tage seines Lebens, spricht man von einer Frühsterblichkeit. In Deutschland starben im Jahr 2007 5.027 Kinder, von denen 398 Säuglinge nicht den ersten Monat ihres Lebens überlebten. Mögliche Gründe außer des geringen Gewichts der Säuglinge können angeborene Fehlbildungen des Kreislaufsystems, des Nervensystems oder der Atmungs- und Verdauungsorgane sein. Einige Säuglinge sterben auch an schwerwie-

[59] Vgl. § 29 Abs. 2, PersStdGAV.
[60] Vgl. Lothrop, 1998, S.30.
[61] Vgl. § 29, Abs 1, PersStdGAV.

genden Chromosomenanomalien aufgrund von infektiösen Erkrankungen oder durch Komplikationen der Plazenta, der Nabelschnur oder der Eihäute.[62]

2.1.4 Der plötzliche Säuglingstod

Der plötzliche Säuglingstod (Sudden Infant Death Syndrome, kurz SIDS), ist die häufigste Todesursache während des ersten Lebensjahres des Kindes. „Die Ursachen dieser Erscheinung kennt man nicht genau, und die Pathogenese des SIDS ist nicht völlig geklärt, aber nach der Ansicht einiger Fachleute, die sich eingehend damit beschäftigen, spielt möglicherweise eine Virusinfektion als mitwirkender Faktor eine größere Rolle."[63] Es ist für die Eltern ein besonders schwer zu verstehender Tod. Die Vorstellung, dass Eltern ihr Kind abends kerngesund in sein Bett legen und sich am nächsten Morgen wundern, warum sie nicht wie gewohnt von seinem fröhlichen Gebrabbel oder seinem Hungerschrei geweckt werden, ist sehr bestürzend. Nicht selten machen sich Eltern Vorwürfe und plagen sich mit Schuldgefühlen, nicht alles richtig gemacht zu haben, oder die Situation falsch eingeschätzt zu haben. Der Tod tritt ohne Vorwarnung ein. „Es ist also nicht möglich sich auf den Verlust vorzubereiten, wie man das im Fall von Säuglingen und Kindern tun kann, die an einer fortschreitenden Krankheit sterben."[64] Sehr unangenehm und belastend für die Eltern ist die Tatsache, dass es oft keine eindeutige Todesursache gibt und deshalb der meist unbegründete Verdacht der Kindesmisshandlung im Raum steht. Bei allen Fällen des SIDS muss aus rechtlichen Gründen eine polizeiliche Untersuchung erfolgen. Die Eltern werden, während sie noch unter dem Schock des Geschehenen stehen, mit der Kriminalpolizei und deren Fragen konfrontiert. Viele Eltern, die dies erlebten, berichteten von strengen und genauen Befragungen sowie sogar von vereinzelten Inhaftierungen.[65] Nicht zuletzt müssen bei einem plötzlichen Säuglingstod, sofern es ältere Geschwister gibt, auch diese mit ihrer Trauer berücksichtigt werden. Die älteren Kinder hegen nicht selten innerlich Eifersuchtsgefühle

[62] Vgl. Lothrop, 1998, S, 33.
[63] Worden, 1999, S. 110.
[64] Ebd. S. 110.
[65] Vgl. ebd., S.111.

gegen das neue Familienmitglied und wünschen sich oft, es wäre nicht geboren. Tritt der Tod dann ein, sind die Schuldgefühle des älteren Kindes meist immens groß und dürfen nicht ignoriert werden, denn „ohne dass eine eindeutige Todesursache ersichtlich ist, kann das zu furchtbaren inneren Schuldreaktionen führen."[66] Die älteren Geschwister fühlen sich so mitverantwortlich für den Tod des Säuglings.

2.2 Die Vaterschaft

„Aus Mythos und Wirklichkeit des männlichen Erwerbsstatus leitet sich das soziale Vatersein ab, das männliche Gefühl der Kompetenz, der Anerkennung, des besonderen Eingebundenseins in Vereine und soziale Netze, in denen sich die eigene Männlichkeit widerspiegelt."[67]
Das emotionale Vatersein zeigt sich primär in der Rolle des Mannes als der des Ernährers, der die Verantwortung für die Frau und die Kinder hat. Er ist derjenige, der gebraucht wird, als der Beschützer seiner Lieben, der versucht, Leid von seiner Familie fernzuhalten. Mit dem Auftreten von belastenden Lebensereignissen müssen auch Bewältigungsstrategien gefunden werden oder vorhanden sein, um mit den belastenden Ereignissen zurechtzukommen. Die Vaterschaft wird sozialisatorisch vor allem dann bedeutsam, wenn die Väter bereits im frühkindlichen Stadium ein interaktives Verhältnis zu ihrem Kind entwickeln.[68] Es wird davon ausgegangen, dass die Väter in einem Stadium, das zeitlich gesehen noch vor dem frühkindlichen liegt, bereits eine Bindung und ein Verhältnis zu ihrem Kind aufbauen. Lothar Böhnisch und Reinhard Winter erwähnen in diesem Zusammenhang explizit, dass sich jede dem Mann bekannte Schwangerschaft auf den Sozialisationsprozess auswirkt. Sei es in Form eines Schocks über eine unerwünschte Schwangerschaft oder als traumatisches Ereignis, was in die Zukunft wirkt, wozu auch der Verlust eines Kindes gehört.[69] Die Vaterrolle folgt in vielen Köpfen und vielleicht gerade bei Frauen einem bestimmten Drehbuch. In diesem nehmen Väter wie selbstver-

[66] Worden, 1999, S. 111.
[67] Böhnisch/ Winter,1993, S. 149.
[68] Vgl. ebd., S. 162.
[69] Vgl. ebd., S. 162.

ständlich an einem Geburtsvorbreitungskurs teil: Väter sind ohne Zweifel bei der Geburt im Kreißsaal dabei. Das entspricht wohl der typischen Vaterrolle in unserer Gesellschaft. Doch wer fragt, wie sich die Väter fühlen? Sind immer alle Väter gleich auf eine Geburt vorbereitet? Ist die Vorfreude immer gleich groß? Könnte es sein, dass auch Väter Ängste haben und unsicher sind?

"Vielmehr hatte ich in den ersten Monaten der Schwangerschaft Fluchttendenzen, fühlte mich dem Ganzen nicht richtig gewachsen und trauerte intensiv wegen des Endes meiner Männerfreiheit. Gleichzeitig wollte ich das Kind und fand es spannend, Vater zu werden. Zeitweise überwog sogar die Vorfreude. Aber meine Gefühle blieben widersprüchlich und zerrissen. Mal überwog die positive Tendenz, mal war ich vollkommen fixiert auf die Probleme und Befürchtungen. Gleichzeitig zweifelte ich an mir, da ich ja jetzt als werdender Vater eigentlich so glücklich sein sollte, wie ich annahm, das es normalerweise, also bei den meisten anderen Vätern, der Fall ist."[70]

Dieser Auszug aus den Gefühlen eines werdenden Vaters spricht vielleicht nicht für alle Männer, die wissen, dass sie Vater werden, jedoch bestimmt für einen großen Teil. Er zeigt, dass auch Väter Ängste haben und sich Gedanken rund um die Schwangerschaft ihrer Frau machen. Diese Aussage ist wohl immer noch als Ausnahme zu bewerten, denn Väter werden von unserer Gesellschaft nicht gerade ermutigt, ihre Erfahrungen und Sorgen ernst zu nehmen und sich mit ihnen auseinander zu setzen. „Die in unserer Gesellschaft übliche Rolle des werdenden Vaters beschränkt sich auf die des Teilnehmenden und Unterstützenden."[71] Man erwartet also, dass der werdende Vater sich um die Belange seiner Partnerin kümmert und seine Bedürfnisse zurückstellt. So oder so ähnlich bewertet das Umfeld die Situation des werdenden Vaters. Primär wird sich auf die Schwangerschaft und die dadurch ausgelösten Veränderungen konzentriert. „Die Zeit der Schwangerschaft ist für alle Männer eine sensible Phase, in der viel in Bewegung gerät."[72] Der Mann muss sich auf seine Partnerin neu einstellen, die sich nicht zuletzt

[70] Bullinger, in: Kößler/ Bettinger, 2000, S. 26.
[71] Ebd. S. 26.
[72] Ebd. S. 27.

durch die Hormonumstellung während der Schwangerschaft verändert. Ein Kind verbindet in den meisten Fällen zwei Menschen noch intensiver miteinander, als wenn man „nur" zusammenlebt oder verheiratet ist. Ein Kind macht eine Partnerschaft verbindlicher. Auch auf diesen Umstand muss sich der werdende Vater einstellen, und da Männer oft sehr freiheitsliebend sind, werden sie sich mit der entstehenden „Mehrverantwortung" erst einmal anfreunden müssen. „Manche Männer haben das Gefühl, das hinter ihnen eine Tür zufällt."[73] Sie reagieren dabei völlig verschieden: Die einen fragen sich, ob es die richtige Mutter für ihr Kind ist und stellen die Beziehung damit in Frage. Andere ziehen sich komplett aus der Beziehung zurück und befriedigen ihren Unternehmungsdrang. Es wird deutlich, dass es in einer solchen Situation viele Fragen gibt, die einen werdenden Vater beschäftigen. Im Endeffekt wird ein Vater jedoch oft nicht gehört und seine Ängste werden nicht wahrgenommen: Niemand kümmert seine Situation. Der Mann, der immer als derjenige beschrieben wird, der sich mit Gefühlen und Emotionen zurückhält, macht sich viele tiefgehende Gedanken um seine zukünftige Familie. „Im Extremfall gehen sie völlig im weiblichen Erleben von Schwangerschaft und Geburt und in der Symbiose des „Wir" auf. Das drückt sich auch in der Formulierung „Wir sind schwanger" aus."[74] Leider ist es trotzdem so, dass der Mann während der Schwangerschaft eine Nebenrolle spielt und erst später als einer der Hauptdarsteller erkannt wird. Es gibt ein gemeinsames Kind und dieses Kind ist die Verbindung zwischen den Partnern. Es entsteht ein neues Gefühl von Nähe. Die Vorfreude auf ein neues Leben wird geteilt und die Partnerschaft genossen. Umso schlimmer ist es dann, wenn ein Schicksalsschlag die werdenden Väter heimsucht und sie ertragen müssen, dass das Kind, um das ihre Gedanken kreisten und auf das sie sich innerlich vorbereitet haben, plötzlich stirbt oder erst gar nicht lebend auf die Welt kommt. Die Väter, die ihre Kinder verlieren, haben oft Schwierigkeiten, sich mit dem Schmerz auseinanderzusetzen, denn diese Art von Schmerz erfordert nach innen gerichtete Bewältigungskompetenzen. Doch diese sind aufgrund der erwähnten

---

[73] Ebd. S. 27.

[74] Ebd. S. 29.

Außenfixierung der bisherigen Sozialisation bei Männern nicht vorhanden. „Sie haben ihr Selbst weitgehend externalisiert und sind gezwungen, diese Außenorientierung auch von sich aus weiter zu forcieren.“[75] So ist es nicht verwunderlich, dass sich viele Väter an dem traditionellen emotionalen Bild des Mannes orientieren. Sie nehmen ihre Aufgaben und Pflichten als Ehemann, Partner und Vater wahr und verhalten sich so, wie es von ihnen erwartet wird. Auch wenn viele Väter sich bereits gedanklich davon lösen und sich in die gegenläufige Richtung entwickeln und ihre Gefühle offen zeigen, gibt es immer noch sehr viele Väter, die sich daran orientieren, ihre Probleme und Konflikte wie bisher nach außen zu verlagern. „Experimentielle und regressive Männerbilder scheinen nebeneinander koexistieren zu können.“[76]

Kommen die Väter dann in belastende Lebenssituationen, wie die, ihr Kind zu verlieren, können Probleme der Überforderung auftreten. Orientiert man sich an der Männerforschung, ist die Vaterschaft ambivalent, das „Vatersein“ wird als Chance gesehen, als Anstoß zu einem Anderssein des Mannes. Die Tiefenpsychologie sieht es so: „Der Vater könne dadurch die vorwiegend Frauen zugeschriebenen und auf sie projizierten emotional-reproduktiven Anteile in sich wahrnehmen, zulassen und als eigene Möglichkeiten des Selbst entwikkeln.“[77] Männer und damit die Väter eingeschlossen, sind bei der Stabilisierung ihres Selbst auf sozial-emotionale Beziehungen genauso angewiesen wie darauf, ihre eigenen, wenn auch unterdrückten Gefühle wahrzunehmen und zu empfinden. Selbst wenn ein werdender Vater nicht das Gleiche intensive Verhältnis zu seinem Kind hat wie die Mutter, ist dies kein Grund, Schuldgefühle zu empfinden oder sich welche einreden zu lassen. „Seine größere Distanz sollte er als Ausdruck seines männlichen Erlebens begreifen und darauf vertrauen, dass seine Beziehung zum Kind sich nach und nach entwickeln und gefühlsbetonter werden wird.“[78] Eine Vaterschaft wird oft als etwas Selbstverständliches angesehen, ohne über den tieferen Grund nachzudenken. Elisabeth Motschmann ruft in ihrem Buch dazu auf, zu sehen,

---

[75] Böhnisch/ Winter, 1993, S. 147.

[76] Ebd. S. 149.

[77] Ebd. S. 163.

[78] Bullinger, in: Kößler/ Bettinger, 2000, S. 31.

dass Kinder ein Geschenk Gottes auf Zeit sind und als solche angenommen und nicht nur als selbstverständlich hingenommen werden sollen.[79] Auch wenn diese Kinder viel zu wenig Zeit in unserer Welt verbracht haben oder sie erst gar nicht betreten konnten, ist es wichtig, sich mit dem „Vatersein" auseinanderzusetzen. „Vater ist man bereits nach der Befruchtung."[80] Es ist ein Grund zur Freude. Vater zu sein, bedeutet nicht die quälende „Mehrverantwortung", die auf den Mann zukommt, sondern ist eine Herausforderung. Auch wenn sich die finanzielle Lage durch ein Kind verändert, ist dies nicht so wichtig. Die sich verbessernde Lebensqualität und die Erweiterung der Antwort auf die Frage nach dem Sinn des Lebens sind entscheidend. Die Probleme, die eine Vaterschaft mitbringt, sollen hier nicht ausgeklammert werden, weshalb vorher bereits einige Punkte erwähnt worden sind. Es soll deutlich werden, dass „Vatersein" etwas Besonderes ist, ein eigenständiges Amt, das mit der Rolle der Mutter nicht verglichen werden kann und soll.

2.3 Erlebnisberichte der Väter

Um die Situation der trauernden Väter deutlicher zu machen, wurden narrative Interviews mit den Vätern geführt. Ein Teil dieser Interviews wird dazu verwendet, einen zusammengefassten Erlebnisbericht zu veröffentlichen, während der andere Teil sich mit der Notwendigkeit einer Trauergruppe für Väter befasst. Dafür wurde die Methodik des narrativen sowie des qualitativen Interviews angewendet.[81] Der vollständige Fragebogen befindet sich im Anhang dieser Arbeit.[82] Die Namen der Väter und die Wohnortangaben wurden anonymisiert.

2.3.1 Erlebnis einer Fehlgeburt

Herr Fritz S., Amtsrat i. R. (69 J./ verh.), hat sich in schriftlicher Form die Mühe gemacht, sich an die Fehlgeburt seiner Frau und an die Gedanken, die er damit noch verbindet, zurückzuerinnern. Herr und Frau S. hatten zu dem da-

[79] Vgl. Motschmann, 1987, S. 15.
[80] Motschmann, 1987, S. 15.
[81] Vgl. Anhang 2.
[82] Vgl. Anhang 3.

maligen Zeitpunkt bereits eine gesunde Tochter, Stephanie (*13. März 1974). Aufgrund dessen hatte das Ehepaar keinerlei Erfahrung mit Komplikationen, die in der Schwangerschaft auftreten können.
„Bei einer Routineuntersuchung in der 10. Schwangerschaftswoche (01.09.1976) wurden Auffälligkeiten bei den Hormonwerten festgestellt.[83] *„Darauf durfte meine Gattin die Frauenarztpraxis nicht mehr verlassen. Liegend wurde sie in die Itertalklinik überwiesen. Dort versuchte man mit Infusionen eine drohende Fehlgeburt (an 2 Kliniktagen) zu vermeiden. Am 3. Tag kam es jedoch zur Fehlgeburt. Die Enttäuschung war groß, wir wollten doch unbedingt ein weiteres Kind. In der Klinik erhielten wir dazu folgenden Hinweis:* ‚Wenn Sie unbedingt noch ein weiteres Baby wünschen, dann müssen wir bei Ihrer Frau die Tragbänder kürzen. Des Weiteren müssen Sie eine besonders intensive Vorsorgeuntersuchung betreiben und hier muss speziell auf die Gelbkörperhormone geachtet werden.' *Wegen der Fehlgeburt im frühen Stadium konnten wir keine richtige Beziehung zu dem „Nasciturus" aufbauen. Wir waren aber sehr traurig."* Das Ehepaar S. entschloss sich damals zu dieser Operation, da sie sich unbedingt noch ein weiteres Kind wünschten. Dieser Wunsch wurde Ihnen am 24. Juni 1978 erfüllt, als ihre Tochter Juliane ohne Komplikationen geboren wurde.

2.3.2 Erlebnis einer stillen Geburt

Ich möchte nun die Erfahrungen, Eindrücke und Gedanken, die einen trauernden Vater beschäftigen, der eine stille Geburt seiner Kinder erleben musste, wiedergeben. Dr.-Ing. Paul M. (39 J./ verh.) erzählt, dass bei seiner Frau, die in der 23. SSW mit den Zwillingen Paula und Marius schwanger war, Blutungen aufgetreten sind, weshalb sie gemeinsam einen Arzt aufsuchten. Im Universitätsklinikum angekommen, lässt man die Eheleute erst einige Zeit warten, bis die Mutter der Kinder noch mal auf ihre Blutungen aufmerksam macht. Es wurde schlagartig hektischer, und Herr Paul M. sah sich in einer Schar von Ärzten, Krankenschwestern und Hebammen wieder. Später stellten die Ärzte in der Uniklinik fest, dass die Kinder vollkommen gesund sind, sich jedoch ein genitaler Infekt bei der Mutter eingeschlichen hatte. Dieser musste mit Antibiotika schnellstens behandelt werden, um weitere Gefahren auszuschließen. In der ersten Nacht durfte Herr M. nicht bei seiner Frau bleiben. Er wurde nach Hause geschickt und erfuhr erst am nächsten Tag, dass die Ärzte diese Infektion nicht in den Griff bekamen: *„Es war ein Wettlauf mit der Zeit, den wir verloren haben“.*[84]

Die Vorbereitung. Die behandelnden Ärzte informierten die Eheleute über den Ernst der Lage. Da das Leben der Mutter bereits gefährdet war und das Risiko immer größer wurde, die Mutter und die Zwillinge zu verlieren, erklärten die Ärzte Paul M., dass sie die Wehenhemmer einstellen würden und die Geburt somit eingeleitet würde. *„Der Körper ist da gnadenlos und stößt jeden unnötigen Ballast ab.“* Der Kinderarzt machte Paul M. unmissverständlich klar, dass die Kinder zu diesem viel zu frühen Geburtszeitpunkt keine Überlebenschancen hätten: *„Der Arzt sagte, auch wenn sie zucken, sie leben nicht, dass sind nur Reflexe.“* Nach dieser Hiobsbotschaft vergingen ca. acht Stunden, in denen sich der Vater zwischen „Hoffen und Bangen“ befand und sich mit der Tatsache auseinandersetzen musste, dass seine Frau die gemeinsamen Zwillinge in den nächsten Stunden tot gebären musste. *„Natürlich wussten wir, dass die Lage ernst war, für mich war klar dass das jetzt eine schwierige Situation war und dass es noch ein paar Wochen schwierig bleiben wird. Ich dachte aber, das wird schon gehen und in einem Jahr lachen wir darüber und laufen mit unseren gesunden Kindern um den Baum rum.“* Trotz der Erklärung des Arztes dauerte es ein wenig, bis Paul M. die Situation realisierte. Er fühlte sich von dem Klinikpersonal gut und liebevoll umsorgt, was ihm ein wenig Erleichterung brachte. Auch dass er seiner Frau in dieser Zeit beistehen durfte und wie bei einer normalen Geburt dabei sein konnte, behielt er bis heute positiv in Erinnerung.

Das Erlebnis der Geburt. Die kleine Paula wird am 09. Dezember 2005 mit einem Gewicht von 420 Gramm um ca. 23.15 Uhr totgeboren. Marius folgte

[83] Anmerkung: Die kursiv markierten Textstellen sind schriftliche Aussagen von Herrn Fritz S., die für diesen Bericht verwendet werden dürfen.

[84] Anmerkung: Die kursiv markierten Textstellen sind wörtliche Aussagen von Herrn Paul M., die für diesen Bericht verwendet werden dürfen.

ihr ca. fünfundvierzig Minuten später, somit schon am 10. Dezember 2005, mit einem Geburtsgewicht von 510 Gramm. Paul M. ist sehr traurig und ergriffen, doch es wird ihm schnell bewusst, dass er gerade seine erstgeborene Tochter Paula auf dem Arm hält und er empfindet es als schön. „*Sie war ja 37 Grad warm, dann habe ich gemerkt, wie schnell dieser kleine Köper mit 420 Gramm ausgekühlt ist, ich hatte sie im Arm. Obwohl, so kann man das nicht sagen, ich hatte sie mehr oder weniger in der Hand.*" Das Ehepaar wurde ein paar Minuten mit ihrer Tochter alleine gelassen, viel Zeit blieb nicht, ihr Sohn musste ja auch noch geboren werden. In dieser Zeit betrachtete Paul M. seine Tochter ganz genau, er entdeckte äußere Ähnlichkeiten und war fasziniert, stolz und gerührt zugleich, seine Tochter halten und betrachten zu können. Auf den Rat einer befreundeten Seelsorgerin hin, die auch die Geburt begleitete, begrüßte und verabschiedete Paul M. sich von seinem Kind. „*Es war unwahrscheinlich bewegend, dieses kleine Wunder da, auch wenn sie schon tot war, in der Hand zu halten. Diese kleinen Finger, es war ja alles dran. Ich wusste ja nicht, wie so ein frisch geborenes Kind aussieht und schon gar nicht, wie ein viel zu früh geborenes, totgeborenes Kind aussieht. Es war einfach ein kleiner Mensch mit allem dran, auch mit ganz vielen Haaren, Wimpern, und ich fand das so faszinierend, diese mini Fingerchen, es hat mich schon sehr bewegt, es war auch irgendwie positiv.*"

Dann wurde die Geburt fortgesetzt und Marius wurde geboren. Paul M. bemerkte, dass Marius bereits kälter war als seine Tochter zuvor. Er war auch größer und schwerer. „*Das sind so Details, an die kann man sich einfach erinnern.*" Die Zwillinge wurden dann in ein „Körbchen" gelegt, und Paul M. hielt sie auf seinen Knien. Seine Frau schlief bereits vor Erschöpfung, und auch er nickte immer weg. „*Ich kann mich so ganz schwach daran erinnern, dass ich Angst hatte, dass sie mir runter fallen, wenn ich einschlafe und habe sie dann auf den Tisch neben mich gestellt.*" Familie M. ist dann sehr schnell von der Geburtstation auf die gynäkologische Station verlegt worden und ihre Kinder brachte man in einen Kühlraum, um sie dort nach Vorschrift aufzubewahren.

Die Verabschiedung. Es gab immer die Möglichkeit für die Eltern, ihre Kinder jederzeit noch einmal zu sehen, „*das konnten wir uns nicht vorstellen, unsere Kinder waren ja tot, wir wollten sie jetzt nicht mehr sehen.*" Nach weni-

gen Stunden Schlaf vor lauter Erschöpfung wachten die Eheleute auf, und der erste Gedanke war: *„wir wollen unsere Kinder sehen."*
Es dauerte einige Zeit, bis dies ermöglicht werden konnte. In dieser Zeit suchten sie die Krankenhauskapelle auf, was Paul M. allerdings nicht so erbaulich fand. *„Was war das für ein Gott, oder Jesus ist das, der da Kinder sterben lässt? Verstehe ich auch bis heute nicht!".* Nachdem sie ins Zimmer zurückkehrten, konnten sie gegen Mitternacht ihre Kinder noch einmal sehen. Nach einer weiteren und besonders wichtigen letzten Verabschiedung von seinen Kindern schiebt Paul M. ein, *„mich ärgert heute, dass ich nicht kurz die Nüchternheit bekommen habe, einen Fotoapparat zu holen, um private Fotos zu machen."* Das einzige Foto, was Familie M. von Paula und Marius hat, ist ein offizielles Klinikfoto. Dieses wurde etwas später aufgenommen. Auf dem Foto sind die Gesichter aufgrund der körperlichen Veränderung, die nach einiger Zeit einsetzt, schon ein wenig verdeckt. *„Ich finde es schade, dass die Erinnerung, wie sie nun tatsächlich ausgesehen haben, nicht mehr so da ist."*
Die Beerdigung. Für die Familie M. stand nie zur Diskussion, ob ihre Kinder beerdigt werden. Das, was sich schwierig gestaltet, war das unterschiedliche Gewicht der Kinder. Danach hätte nur Marius beerdigt werden können, aber es fand sich ein Weg, so dass beide Kinder zusammen beerdigt werden konnten. Die Zwillinge wurden an einem regnerischen Dezembertag 2005 in beerdigt. Paula und Marius gehören für ihre Eltern zusammen und sind aufgrund dessen in einem gemeinsamen Sarg beerdigt worden, was in Deutschland eigentlich nicht vorgesehen ist. *„Wir haben dem Bestatter gesagt, machen sie es einfach, dafür bezahlen wir sie ja auch!"* Familie M. fährt auch heute noch regelmäßig zum Grab ihrer Kinder und nimmt ganz selbstverständlich ihren weiteren Sohn Felix (*23. November 2006) mit ans Grab seiner Geschwister.
Reaktionen des Umfeldes. Paul M. fand keinen Trost in den üblichen leeren Phrasen, die das Umfeld von sich gab. Paul M. empfand dies als sehr schrecklich und regt sich heute noch sehr darüber auf. *„,Wer weiß, für was es gut war oder' ,ihr seid doch noch so jung, ihr könnt doch noch Kinder kriegen', sind Sprüche, die sind vollkommen deplatziert. Ich bin dann auch öfters laut geworden und habe Leute aus dem Zimmer geworfen oder habe eine Erklä-*

rung von ihnen verlangt, für was das bitte gut sein soll?" Die Erklärung war: *„Das sagt man halt so!". „Es gab Leute, die haben klasse reagiert, indem sie gar nichts gesagt haben und einem nur an die Schulter gefasst haben, das ist unter Männern ja auch was anderes."* Eine große Überraschung für ihn war die Reaktion seiner Freunde, die quasi genau andersherum reagierten, als Paul M. es erwartete. Gute Freunde, mit denen Paul M. sprechen wollte, wendeten sich ab, und die, die man für oberflächlich hielt, die waren auf einmal in der Lage, Gefühle zu zeigen und tröstende Worte zu sprechen. *„Das Umfeld und der Freundeskreis ist danach komplett neu sortiert worden."* Dies passierte nicht nur, weil die Freunde sich anders bzw. falsch verhielten. Die Eheleute waren einfach nicht in der Lage, bestimmte freundschaftliche Beziehungen weiterzuführen: Gerade die Beziehung zu langjährigen Freunden des Ehepaares konnte nicht aufrecht gehalten werden, weil diese gerade ein Baby zu Welt gebracht hatten. Diese Situation hat sich heute relativiert.

Symbole/ Rituale. Herrn und Frau M. ist es sehr wichtig, dass auf dem Grab ihrer Kinder immer eine Kerze brennt. Wenn sie im Urlaub oder anderweitig verhindert sind, wird immer jemand gebeten, eine neue Kerze für die Zwillinge anzuzünden. *„Es hat keinen morbiden Charme, es ist einfach ein schöner Ort."*

Veränderungen. *„Man bekommt eine gewisse Gelassenheit, auch Zukunftsängsten gegenüber. Man bekommt ein gewisses Urvertrauen, dass solche, im Vergleich zu dem Tod von Kindern banalen Probleme immer lösbar sind, zwar nicht immer so, wie man es sich wünscht, aber es geht schon irgendwie weiter. Was ich als ganz furchtbar empfunden habe, ist, dass dies eine Situation ist, in der ich gar nichts, aber auch gar nichts mehr beeinflussen konnte. Ich bin es sonst immer gewohnt, Probleme irgendwie zu lösen, mein Beruf besteht darin, Probleme zu lösen. Es hätte mir niemand helfen können, kein Arzt, kein Gott, kein Wunderheiler und auch kein Indianer, es passiert einfach. Alles ist anders danach, alles!"*

Paul M. hörte noch nicht mal mehr Musik, sah keine Nachrichten, es interessierte ihn nicht. Es hat Wochen gedauert, bis er wieder die Nachrichten ansah und das Musik hören sehr behutsam wieder aufnahm. Ihm war ganz klar, dass er gewisse Lieder einfach nicht mehr hören konnte und auch nicht mehr hören wollte. Er nahm die Musik und die Texte viel genauer wahr, als vor dem Tod der Kinder. *„Man erkennt sich selber kaum wieder, ich erinnere mich noch an das komische Gefühl, als ich das erste Mal wieder gelacht habe."* Die veränderte Wahrnehmung machte sich auch bei Spaziergängen bemerkbar. Er nimmt heute die Natur viel intensiver wahr und erfreut sich an den Kleinigkeiten und den Dingen, die er früher als ganz selbstverständlich betrachtet hat.

Ausdruck der Gefühle. Herr M. empfand nach dem Tod seiner Kinder eine Ohnmacht und direkt danach eine extreme Gleichgültigkeit Dingen gegenüber, die ihm vorher wichtig waren. Paul M. ging es nicht nur seelisch sehr schlecht, auch körperlich machte sich die Trauer bemerkbar. *„Uns war klar, dass wir duschen müssen und uns die Zähne putzen müssen, aber wir mussten uns wirklich zwingen zu essen."* Paul M. übernahm in dieser Zeit die Kontrolle darüber, dass er und seine Frau aßen. *„Wir durften uns da jetzt nicht hängen lassen."* Die einfachsten Tätigkeiten wurden zur Qual, zum Einkaufen gingen sie ganz früh am Tag, um keinem Menschen zu begegnen. *„Wir haben zwei Stunden gebraucht, um vier Dinge auf den Einkaufszettel zu schreiben, wir konnten das nicht."* Um ihren Gefühlen Raum zu geben, legte das Ehepaar ein Album an. Sie haben einfach aufgeschrieben, was passiert ist. Es waren sehr persönliche Worte, manchmal auch nur ein Satz. *„Damit wir in dreißig Jahren noch wissen, was passiert ist."* Die Berichte in diesem Album haben keine chronologische Reihenfolge; es sind einfach niedergeschriebene Gedanken und Gefühle. Später kam das einzige Foto der Zwillinge hinzu, der Mutterpass und die Einweisung ins Krankenhaus. Paul M. sieht das Anlegen des Albums heute als eine gute Bewältigungsstrategie. Er verarbeitete so auch seine Wut und Enttäuschung über das Geschehene. *„Da stehen auch Sätze drin wie: ‚Gott ist ein Arschloch!'"*

In der Trauerzeit ging Paul M. nicht zur Arbeit und er ließ offen, wann er an seinen Arbeitsplatz zurückkehren würde. Er wusste jedoch, dass sein Arbeitgeber ein gewisses Verständnis aufbringen würde. Nach fünf bis sechs Wochen begann er gleichzeitig mit seiner Frau wieder mit der Arbeit. *„Der Wunsch nach Normalität und Tagesstruktur war sehr groß."* Paul M. hat nach der akuten Trauerzeit gelernt, mit seiner Trauer umzugehen und hat sie akzeptiert. Dabei geholfen haben ihm auch neue Ziele, die er sich mit seiner Frau gesetzt hat. Da war ein Urlaub zu zweit, später kam der Wunsch, ein weiteres Kind zu bekommen und in ein Eigenheim zu ziehen. Der Alltag kehrte in das Leben der Familie zurück, zu dem auch der Tod gehört und in dem die Zwillinge einen festen Platz haben.

2.3.3 Erlebnis einer Frühgeburt[85]

Herr Fabian M., Fleischermeister (36 J./ in fester Partnerschaft) hat sich die Zeit genommen, mit mir über seinen Sohn Dominik zu reden und über das tragische Schicksal, das ihm und seiner Partnerin widerfahren ist. Die Freude war sehr groß, als die Schwangerschaft bekannt wurde. Die Eltern planten noch einen letzten Urlaub zu zweit und flogen, als die Mutter im dritten Monat schwanger war, nach Spanien. Die pflichtbewussten jungen Eltern erkundigten sich vorher bei den Fachärzten und holten sich die Bestätigung ein, die Reise gefahrlos antreten zu können. Fabian M. und seine Partnerin haben sich zusätzlich auf alle Eventualitäten vorbereitet (Notfallnummern im Ausland, Krankenhäuser in der Nähe usw.). In diesem Urlaub traten bei der Mutter Blutungen auf, sie fuhren mit einem befreundeten Deutschen, der der spanischen Sprache mächtig war, in ein Krankenhaus. Geschockt von den primitiven Zuständen dort, erfuhren die Eltern zusätzlich, dass eine Fehlgeburt des Kindes droht und die Mutter nur noch liegen darf. Nach weiteren drei Tagen der Schonung kam das Paar wieder in Deutschland an und der aufgesuchte Arzt gab Entwarnung; die Schwangerschaft verlief weiterhin normal. Von diesem Tag an begleitete Herr M. seine Freundin zu jeder weiteren Untersuchung und erlebte so die Schwangerschaft sehr intensiv mit.

Das Erlebnis der Geburt. Am 17. Oktober 2007 (Ende 29. SSW) traten bei der Mutter erneut Blutungen auf und die Eltern fuhren ins Krankenhaus, wo sie direkt in den Kreißsaal mussten. Die einzige Option, die die Mutter hatte, war vier Wochen lang zu liegen. *„Ich wusste schon, dass konnte nicht gut gehen, vier Wochen lang nur liegen.“*[86] Aufgrund eines Risses in der Fruchtblase blieb keine andere Möglichkeit, als Dominik zu gebären. Die Ärzte rechneten ihm Überlebenschancen aus. Fabian M. hat die Geburt seines Sohnes,

[86] Anmerkung: Die kursiv markierten Textstellen sind wörtliche Aussagen von Herrn Fabian M., die für diesen Bericht verwendet werden dürfen.

der durch einen Kaiserschnitt auf die Welt kam, miterlebt. *„Er hat gleich laut geschrien und sich aufgeregt, feuerrot war er. Er war genauso, wie ich ihn mir vorgestellt habe."* Dominik kam dann auf die Kinderintensivstation und wurde in einem Inkubator überwacht. Die Ärzte bestätigten noch mal, dass sie mit seinem Geburtsgewicht von 1350 Gramm keine Schwierigkeiten haben werden, außerdem atmete Dominik nach einer Lungenreifungsspritze selbstständig. Herr M. kümmerte sich sehr intensiv und holte seinen Sohn so oft es ging aus dem Brutkasten und hielt ihn auf seinen Arm. *„Immer, wenn er meinen Herzschlag hörte, war er direkt still."* Es ging aufwärts, Dominik nahm fast jeden Tag 20 Gramm zu. Am 22. Dezember 2007 durften die Eltern ihr Kind mit nach Hause nehmen. Dominik wurde auch zu Hause noch durch einen Monitor überwacht, um im Notfall reagieren zu können. Die Eltern wurden vorher in einem Reanimationskurs geschult, falls es einen Alarm geben sollte. Die kleine Familie gewöhnte sich langsam an den Alltag zu Hause. Zu diesem Alltag gehörten auch die üblichen Kontrolluntersuchungen für Dominik. Nachdem die Eltern sich lange Gedanken machten, für welchen Kinderarzt sie sich entscheiden sollten, fiel die Wahl auf eine Kinderärztin, die sich auf Frühgeborene spezialisiert hatte. Dann kam der Tag der vorgeschriebenen „U3-Untersuchung" und Dominik sollte geimpft werden. *„Da Frühchen ja immer etwas zurück sind in ihrer Entwicklung, war das für mich ein positives Zeichen, dass er anscheinend schon so weit war."* Die Eltern befürchteten nämlich, es sei zu früh für diese große Impfung. Die Ärztin versicherte ihnen aber, dass man auch bei Frühchen vom ursprünglichen Geburtstermin ausgeht. Dominik wurde trotz aller Zweifel der Eltern als gesund angesehen und erhielt die Impfung. *„Es gibt da mittlerweile Kombinationsstoffe, es war eine 6-fache Impfung und sie hat noch einen siebten dazu genommen."*

Die Vorbereitung. Mögliche Nebenwirkungen, die auch eintraten, waren Fieber und Durchfall, dagegen gab die Ärztin ihnen Zäpfchen mit. Zwei Tage später, *„es war Sonntag, und er lächelte mich morgens das erste Mal von ganz alleine an."* Die folgende Nacht verlief ungewöhnlich unruhig, Dominik kam nicht richtig zur Ruhe. Herr M. steht aufgrund seines Berufes morgens immer sehr früh auf, so dass er auch an diesem Montagmorgen um 5.20 Uhr nach seinem Sohn sah, der wach im Bett lag. *„Ich streichelte ihm über den Bauch und sprach mit ihm, ich bemerkte, dass er einen ganz dicken Bauch* *hatte.“* Herr M. informierte seine Freundin, und sie sahen noch mal gemeinsam nach ihrem Sohn, der eine neue Windel brauchte, da er nachts Durchfall bekommen hatte. *„Wir haben das Licht im Kinderzimmer angemacht und da war er ganz blau.“* Die Eltern stellten anhand des Fieberthermometers fest, dass ihr Sohn nur noch eine Körpertemperatur von 34 Grad Celsius hatte. Sie alarmierten sofort den Rettungswagen. *„Er drehte mit den Augen und war ganz still.“* Der eintreffende Rettungssanitäter war zufällig ein alter Freund des Vaters. Dominik wurde mit Sauerstoff erstversorgt, der Monitor, an den er dann angeschlossen wurde, zeigte keine Unregelmäßigkeiten. *„Als der Notarzt eintraf, machte der Kleine die Äugelchen zu, und der Monitor fing an zu piepsen. Sie haben die ganze Zeit reanimiert, immer abwechselnd, bestimmt zwanzig Minuten lang.“* Der Notarzt hielt eine Fahrt ins Universitätsklinikum zur Absicherung für nötig. Herr M. hat zu diesem Zeitpunkt noch nicht begriffen, was sich ereignete: *„ich dachte, wenn er ins Krankenhaus kommt, dann bekommt der Kleine was und dann ist es wieder gut, der ist jetzt nur mal kurz weg.“* Zu allem Überfluss ließ sich der mehrfach informierte Kinderarzt in der Notaufnahme nicht blicken. Die Eltern saßen im Wartebereich, *„das war wie im Film, da kamen drei Mann auf uns zu und haben nur mit dem Kopf geschüttelt.“*

Die Verabschiedung. Herr M. und seine Partnerin hatten dann die Möglichkeit, sich von Dominik zu verabschieden. *„Wir haben dann noch mit dem Kleinen gebetet.“* Auch der Klinikseelsorger betete noch mit den Eltern. *„Irgendwie hatten wir, als wir uns verabschiedet hatten, auch das Gefühl, dass wir nach Hause möchten.“* Herr M. verstand auch nicht recht, warum das so war, da viele Eltern meist noch stundenlang bei ihren Kindern bleiben. *„Aber wir hatten uns verabschiedet.“* Dann saßen sie mit der weiteren Familie zu Hause am Tisch, aber *„was soll man machen, man funktioniert einfach nur, man weiß gar nicht, was wirklich passiert ist und will es auch nicht wahrhaben. Ja, was macht man da? Man schüttet die Fläschchen leer, räumt den Sterilisator weg. Man will es nicht, aber man weiß, wenn es da steht, bringt es auch nichts mehr. Man weiß gar nicht, was man tun soll.“*

Die Beerdigung. Nachdem die Staatsanwaltschaft von einer Obduktion des Kindes absah, da keine äußeren Einwirkungen zum Tode führten, fehlte dann dem Kinderarzt, der morgens im Krankenhaus nicht zur Stelle war, das nötige

Feingefühl. Er ließ fragen, ob er denn eine Obduktion durchführen könne. *„Dieses Engagement war nun an ganz falscher Stelle."* Die Eltern sprachen sich ausdrücklich dagegen aus. Dominik sollte dann vom Beerdigungsinstitut abgeholt werden, befand sich aber nicht mehr im Krankenhaus, sondern in der Gerichtsmedizin in Köln. Das Gespräch mit dem Kripobeamten brachte keine Klarheit, und er konnte keinen Einfluss auf das nehmen, was geschah. Die Eltern hätten über das Vorhaben der Staatsanwaltschaft informiert werden müssen, was nicht erfolgte. Nach vielen merkwürdigen Ereignissen wurde Dominik dann beerdigt. Die Eltern haben ihm persönliche Sachen mit in den Sarg gelegt (Kettchen und Armreifen des Vaters, eine Haarsträhne der Mutter). *„Ich habe den Kleinen zum Grab getragen, es war ein schwerer Gang aber es war das Letzte, was ich für ihn tun konnte."* Die Beerdigung fand im kleinsten Kreis statt mit der engsten Familie, einem guten Freund und dem oben bereits erwähnten Rettungssanitäter.

Reaktionen des Umfeldes. Da die Partnerin von Herrn M. sich Sorgen machte, dass er sich alleine nicht mehr aufraffen würde, rief sie einen Freund zu Hilfe. *Was macht man? Man umarmt sich zur Begrüßung. „Man kann seinen Schmerz und seine Trauer gar nicht ausdrücken. Die Freunde hören sich das dann alles an, man erzählt und erzählt, begreift es selber nicht."* Herr M. beschreibt, wie er in dieser Zeit mehr mit sich selbst zu tun hat. Leere Sprüche und Phrasen blieben ihm vorerst erspart. Enttäuschend war die Reaktion des ausgewählten Pfarrers, der seine eigene Vorstellung der Beerdigung hatte. Die Beerdigung sollte am Rosenmontag stattfinden, da er mit den Vorstellungen und Wünschen der Eltern nicht einverstanden war, teilte er den Eltern unfreundlich mit, dass sie am Rosenmontag doch sowieso keinen anderen finden würden. *„Wir haben uns kurzfristig entschlossen, ihn nicht zu nehmen."* Seine Arbeitskollegen haben am Anfang gar nichts gesagt, *„sie wunderten sich eher, warum ich so viel erzählte. Das Schlimme ist, man hat ja ein Kind und möchte auch von ihm erzählen."*

Symbole/ Rituale. Fabian M. und seine Partnerin beten jeden Abend ein eigenes für Dominik entstandenes Gebet. Dieses haben sie auch bei der Verabschiedung gebetet. Herr M. geht oft zum Friedhof, und es ist ihm sehr wichtig, dass das Licht nie ausgeht. Der Stein, der mittlerweile auf dem Grab steht, bedeutete einen Schnitt für Herrn M., der Stein ist nun was für die

Ewigkeit. Geziert ist er mit einer Taube. Die Idee für diesen Stein entstand an einem Tag, an dem sie sich mit Vorwürfen am Grab ihres Sohnes quälten. Als sich dann auf dem Heimweg eine weiße wilde Taube auf dem Auto der Mutter niederließ und ihr fahrendes Auto ein ganzes Stück auf der Motorhaube begleitete. Für die Eltern von Dominik war das ein Zeichen.

Veränderungen. Fabian M. beschreibt, dass die Tage länger werden und dass man ganz anders empfindet. *„Das Leben muss neu gekramt werden."* Fabian M. ist nach drei Wochen wieder arbeiten gegangen, *„es war sehr schwer, vier Stunden am Tag hätten am Anfang gereicht."* Er wusste selbst nicht, ob das nun der richtige Zeitpunkt ist, um wieder arbeiten zu gehen. *„Ich hatte auch Angst. Man merkt erst, ob es richtig war, wenn man hingeht."* Auch die Spaziergänge mit seinem Hund nimmt er intensiver wahr und nimmt sich dann immer die Zeit nachzudenken oder auch mal abzuschalten. *„Der Hund ist sehr wichtig für uns, durch ihn waren wir ja gezwungen rauszugehen und uns nicht hängen zu lassen, wir hatten eine Aufgabe."*

Ausdruck der Gefühle. Nach der Beerdigung saß Herr M. wieder am Esstisch und wusste nicht, wie es weiter geht. *„Man wusste auch nicht, warum er jetzt gestorben ist."* Der Rettungssanitäter sprach von einer Sepsis. Die Kinderärztin suchte auch noch einmal die Eltern auf, um sich zu erkundigen, was nun passiert sei. Bis den Eltern ein möglicher Zusammenhang zwischen dem Tod des Kindes und der Impfung in den Sinn kam. *„Ein Kind, was freitags noch kerngesund ist, stirbt ja nicht drei Tage später an einer schweren Sepsis, er hatte keinen Infekt, gar nix. Das Schlimme ist, wenn normalerweise jemand krank wird und sterben muss, dann hat man eine Zeit, aber wir hatten nur zehn Minuten, um zu begreifen, dass das, was wir da sahen, dieses blaue Kind, zehn Minuten später tot ist."* Herr M. kann es heute noch nicht nachvollziehen. Was ihn auch jetzt noch sehr belastet, ist, wenn jemand fragt, *„dann fragt er höchstens, wie es passiert ist, aber nicht, was zu Lebzeiten war. Diese drei Monate und auch die neun davor waren ja sehr intensive Monate, da haben wir ja viel erlebt."* Fabian M. hat sich rührend um alle Belange in der Schwangerschaft gekümmert, vom richtigen Schlafsack bis hin zur Temperatur der Trinkflasche, er hat viel über die Schwangerschaft und Neugeborene gelesen. *„Nur nicht über die Impfung, das ist das, was mich später auch so gekratzt hat. Kein Arzt bescheinigt einem, dass der Tod auch von der*

Impfung herrühren kann." Fabian M. hat dazu die Staatsanwaltschaft eingeschaltet, doch für den Pathologen kam diese Möglichkeit nicht in Betracht. Es kamen freundschaftliche Verbindungen von Menschen, die sich vorher noch für die Familie einsetzten, zu der behandelnden Kinderärztin zum Vorschein. *„Damit hatte die Hilfe sich auch erledigt."* Allerdings würde ein Prozess den kleinen Dominik auch nicht mehr lebendig machen und die Eltern, die schon genug erleiden mussten, werden nur weiter gequält. Da sind sich die Eltern schweren Herzens einig, auch wenn die Vermutung, dass vielleicht ein Fehler gemacht wurde, bestehen bleibt. *„Dominik ist immer bei mir, vielleicht war das sein Weg. Vielleicht hatte er hier nur noch was zu erledigen. Das möchte man am Anfang gar nicht hören, aber oft hilft es auch. Er hat sich von uns mit einem Lächeln verabschiedet, und kein Kind lächelt, wenn es ihm schlecht geht."*

2.3.4 Erlebnis einer Frühgeburt

Dr. med. Philipp S. (40 J./ verh.) hat sich bereit erklärt, mit mir über den Frühchentod seiner Drillinge zu reden und hat mir seine persönlichen Erfahrungen für diese Arbeit zur Verfügung gestellt.

Die Vorbereitung. Philipp S. war zum Zeitpunkt, als die Komplikationen, vermutlich hervorgerufen durch eine Infektion, in der 24. SSW der Drillingsschwangerschaft eintraten, zuerst nicht bei seiner Frau. Mit der Annahme, dass im mittleren Zeitraum der Schwangerschaft das Risiko, dass es zu unerwarteten Schwierigkeiten kommt, nicht mehr ganz so hoch war, entschied er sich, an einem Kongress in Gießen teilzunehmen. *„Eine Woche davor sind wir noch beim großen Ultraschall gewesen und es war alles in Ordnung."*[87] Er erfuhr bereits in Gießen, dass die Wehen bei seiner Frau eingesetzt hatten, doch da er zu dieser Zeit (1994) noch kein Mobiltelefon besaß, hatte er keinen regelmäßigen Kontakt zu seiner Frau. Er fuhr dann relativ uninformiert und nichts ahnend nach Hause. Als er einen Tag später bei seiner Frau im Krankenhaus eintraf, war die Geburt des ersten Kindes schon im Gange. Die Wehen kamen dann durch Wehenhemmer doch noch zum Stillstand, aber der Muttermund war bereits geöffnet. *„Ich habe mit einer Geburt überhaupt nicht gerechnet.“* Philipp S. war klar, dass alles nicht so gut aussieht. Dennoch gab ihm eine Zwillingsgeburt, die Monate vorher in der Klinik stattgefunden hatte, etwas Hoffnung. Hier wurde ein Kind zu früh geboren, (23. SSW) und das andere lebte in der zweiten Fruchtblase bis zum Ende der Schwangerschaft und wurde dann normal geboren. Philipp S. und seine Frau wurden von ihrem damaligen besten Freund, der Kinderarzt auf der Station war, darauf vorbereitet, dass ein Überleben in diesem Stadium der Schwangerschaft fast unmöglich ist. Nach langem Warten, *„wir waren bereits schon 70 Stunden mit geöffnetem Muttermund im Kreißsaal“,* setzten dann wieder Wehen ein.

Das Erlebnis der Geburt. Am 14. Juni 1994 kam die erstgeborene Lina mit 470 Gramm zur Welt. Philipp S. hatte seine Tochter noch eine Zeitlang auf dem Arm *„sie hat relativ ruhig geatmet“.* Der Vater verbindet sehr positive Erinnerungen mit der Geburt. *„Lina hatte so einen hübschen, schön geschwungenen Mund. Sie waren ja alle schon in einem Alter, in dem man alles sah und sie normal entwickelt waren, auch wenn sie sehr dünn und klein waren.“* Philipp S. beschreibt seine Gefühle, die er empfunden hat, als stolz, liebevoll und zärtlich, wenn auch gemischt mit Traurigkeit, weil er ahnte, was noch passierte. Die Ärzte brachten Lina dann zur Erstversorgung auf die Kinderintensivstation, während dessen nahm die Geburt von Jonas, dem Zweitgeborenen schon seinen Verlauf. Noch bevor Jonas geboren wurde, erreichte Philipp S. die Nachricht, dass seine Tochter Lina bereits gestorben sei. *„Jonas war der kräftigste, und er hat auch richtig geschrien.“* Herr S. hat nebenher mitbekommen, dass ein Kinderarzt versucht hat, seinem Sohn einen Zugang zu legen, um eventuell doch noch eine Überlebenschance zu schaffen. *„Ich hatte ihn dann noch kurz auf dem Arm, bevor er auch auf die Kinderintensivstation kam.“* Jonas verstarb dann leider auch ein bis zwei Stunden später. Herr S. lief zwischen dem Kreißsaal und dem Vorraum, in dem die Kinder versorgt wurden, immer hin und her. Während der einzelnen Geburten

[87] Anmerkung: Die kursiv markierten Textstellen, sind wörtliche Aussagen von Herrn Philipp S., die für diesen Bericht verwendet werden dürfen.

war er bei seiner Frau und verließ den Kreißsaal immer mit einem seiner Kinder, bis die nächste Geburt anstand. Mittlerweile war es Nachmittag, als Tim geboren wurde, *„er hat eigentlich gar nicht groß geatmet, ich bin auch nicht ganz sicher, ob er nicht schon tot geboren wurde."* Tim wog auch nur 480 Gramm, so dass im Falle einer Totgeburt auch hier die Problematik entstanden wäre, zwei der Drillinge beerdigen zu können und ein Kind nicht. Dies ist zum Glück nicht der Fall gewesen. Tim wurde als Lebendgeburt eingetragen. Mittlerweile bemerkte Herr S. auch dass er erschöpft ist. *„Die Geburt selbst habe ich noch als relativ friedlich erlebt, es war ein bisschen getrennt. Das Schreckliche von dem Sterben habe ich irgendwie mit dem Friedlichen der Geburt nicht als gleichzeitig erlebt."* Herr S. konnte auch das Positive der Geburt sehen und fühlte sich trotz des Todes seiner Kinder in der vorherrschenden Klinikatmosphäre gut aufgehoben. Auch das Klinikpersonal war sehr ergriffen von dem, was geschehen war. *„Man begreift das in diesem Moment nicht, dass kommt erst später."*

Die Verabschiedung. Herr S. hatte vor dem Tod seiner Drillinge noch keine Berührung mit diesem Thema, erinnerte sich aber dann an einen Artikel, den er gelesen hatte, in dem es um Totgeburten ging und wie wichtig eine Verabschiedung ist. Die Verabschiedung fand in der Zeit, in der er seine Kinder auf dem Arm hatte und noch am nächsten Tag statt. Da gab es noch ein Mal die Möglichkeit auch für die Mutter, ihre Kinder zu sehen, sie bei sich zu haben und sich von ihnen zu verabschieden. Familie S. hat auch Fotos von ihren Drillingen, die heute bereits sehr verblasst sind, da die Qualität der Bilder damals noch auf einem anderen Stand war als heute. *„Wir haben so sechs oder sieben Polaroidbilder, die mehr medizinisch sind, man hat da nicht so drauf geachtet, dass sie schön werden."* Trotzdem sind diese Bilder schöne Erinnerungen für die Familie.

Die Beerdigung. *„Die Beerdigung haben wir ganz trostlos und klein gehalten."* Der Bruder von Herrn S. ist Pfarrer, und es gab erst die Überlegung, ihm die Beerdigung anzuvertrauen, *„doch das konnte ich ihm nicht zumuten, was sollte er auch sagen? Man fühlt sich alleine und das, was passiert, ist schrecklich."* Herr und Frau S. haben sich dann dafür entschieden, niemanden einzuladen und ihre Kinder alleine zu beerdigen, auch aus dem Grund weil, *„wir wollten das Gelaber nicht hören."*

Reaktionen des Umfeldes. Es gab wenige unangenehme Phrasen, die sich Herr S. anhören musste. An einen Satz erinnert er sich aber noch ganz genau. *„Warte erst mal ab, bis du Vater bist.“* Der Satz traf ihn sehr. Deshalb ist ihm die Bescheinigung durch die Geburtsurkunde, dass er damals sehr wohl Vater war/ heute ist, auch sehr wichtig. Viele reagierten aber sehr gefühlvoll und verständnisvoll. Die wenigen Reaktionen resultieren auch daraus, dass er nicht das Dauergespräch über die Situation gesucht hat. Allgemein würde Philipp S. das Verhalten der Freunde und des Umfeldes als „vermeidend“ beschreiben.

Symbole/ Rituale. Das Grab der Kinder bedeutet Herrn S. sehr viel. *„Es ist ein gutes Gefühl, wenn ich da bin, ein friedliches, es ist ein schöner Friedhof.“* Philipp S. findet es gut, das Ritual zu haben, sonntags zum Friedhof zu fahren und eine Kerze anzuzünden oder Blumen zu pflanzen. Heute besucht er das Grab der Kinder noch alle drei Wochen, was vor ein paar Jahren noch häufiger war. *„Das Wort Friedhof finde ich gut, dass verbinde ich mit Frieden.“* Außer diesem Ritual hat Herr S. in den Jahren viele Rituale mitgemacht, was auch mit dem Besuch einer Trauergruppe zu tun hatte. Er hat Kerzen mit den Namen der Kinder erstellt oder ihnen einen Brief geschrieben. Ein Ordner wurde angelegt, in dem sich die Fotos, die Geburtsurkunden/ Sterbeurkunden, Briefe von Freunden und Bekannten befinden, die ihr Mitgefühl zum Ausdruck gebracht haben.

Veränderungen. Herr S. beschreibt, dass ihn der Tod der Kinder sehr verändert hat. *„Es war eine Zeit die alles gebrochen hat auch die Beziehung zu anderen Leuten. Es gab welche, die haben ganz toll reagiert, zu denen man nicht so einen engen Kontakt hatte, an die hat man sich angenähert. Andere, die weniger gut damit umgehen konnten, wo sich das dann eher auseinander dividiert hat.“* Neue Freunde fand die Familie auch über die Trauergruppe, zu denen der Kontakt bis heute sehr eng ist. Philipp S. spricht in diesem Zusammenhang auch von dem „Vorher und Nachher“, 14 Jahre nach dem Tod der Drillinge *„ist der Teil des „Nachher“ schon so lange her, dass diese Zeit langsam ins Vergessen gerät, sowie die Zeit des „Vorher“, das ist im Alltag besonders stark spürbar.“* Auch Herr S. verspürte eine gewisse Gleichgültigkeit den alltäglichen Dingen gegenüber. Wenn es z.B. beruflich bedingt einen Rüffel des Chefs gab, tangierte ihn das nicht mehr besonders. Er ging unerschrockener mit den Dingen um. Er hatte das Schlimmste ja bereits erlebt. „Das war dann halt so." Philipp S. nimmt, seitdem Lina, Jonas und Tim verstorben sind, auch seine Umwelt ganz anders wahr. *„Die Gefühlswahrnehmung, wenn man an einer Wiese vorbeifährt, ist eine ganz andere, viel intensiver."* Diese Eindrücke genießt er heute mit seiner Frau und seinen beiden Töchtern, Sarah-Marie (*13. Februar 1997) und Johanna (*26. November 1999).

2.3.5 Erlebnis eines plötzlichen Säuglingstod

Dieser Erlebnisbericht wird unter den plötzlichen Säuglingstod gefasst, da die Umstände des Todes von Paula-Luisa die gleichen sind, wie sie auch bei einem plötzlichen Säuglingstod eintreffen. Aus medizinischer Sicht und der vorher genannten Definition geht man hier nicht von einem plötzlichen Säuglingstod aus, da Paula-Luisa bereits älter ist als ein Jahr. Der Logopäde Jasper P. (40 J./ verh.) ist der Vater von Paula-Luisa und hat sich zu einem Interview bereit erklärt. Paula-Luisa kam am 26. Februar 2005 auf die Welt und starb im Alter von fast zwanzig Monaten, am 21. August 2006, plötzlich an einer Pneumokokken Sepsis.[88] In Paula-Luisas Fall war die Infektion lebensgefährlich. Sie bekam plötzlich Fieber und ihre Eltern brachten sie direkt ins Krankenhaus. *"Schneller als wir konnte gar keiner reagieren."*[89]

Die Vorbereitung. Jasper P. hatte überhaupt keine Möglichkeit sich auf das, was in den nächsten Stunden geschehen wird, vorzubereiten. Die erste Information, die er bekam, war dass Paula-Luisa und seine Frau eine Woche in der Klinik bleiben mussten. Er fuhr nach Hause, um einige Sachen für die beiden zu holen.

Die Verabschiedung. *„Als ich zurück kam, war schon alles in heller Aufregung und sie ist auf die Intensivstation gekommen. Für mich lief das alles ab, ja wie auf einer Dresine, die bergab fährt und immer schneller wird und durch nichts mehr zu stoppen ist. Es geht unaufhaltsam, immer schneller."* So be-

---

88 Anmerkung: Pneumokokken sind Bakterien, die schwere Infektionen hervorrufen und bei Säuglingen und Kleinkindern sehr gefährlich bzw. lebensgefährlich sein können.

89 Anmerkung: Die kursiv markierten Textstellen sind wörtliche Aussagen von Herrn Jasper P., die für diesen Bericht verwendet werden dürfen.

schreibt Jasper P. seine Gefühle, während sich der Zustand seines Kindes innerhalb von Stunden immer weiter verschlechterte. *„Ich habe das überhaupt noch nicht verstanden, dass sie wirklich sterben kann, das war unbegreiflich.“* Jasper P. wurde erst klar, was da wirklich geschah, als die Ärzte Paula mit einem Ambobeutel beatmeten und sie intubierten. Als er von dem Arzt hörte, dass es nicht gut um seine Tochter stand, erinnert er sich, wie er vor der Tür des Zimmers auf den Boden sank. *„Ich hab nur noch Paula, Paula gesagt.“* Paula-Luisa verstarb keine 24 Stunden später, morgens um drei Uhr. Er hatte seine erstgeborene Tochter dann noch weitere Stunden bis morgens um acht Uhr auf seinem Arm, um sich von ihr zu verabschieden. Jasper P. erinnert sich an seine Gefühle unmittelbar nach dem Tod seiner Tochter, wie er zu Hause immer um den Esstisch gelaufen ist. Er beschreibt, dass man mit dem, was geschehen ist, gar nicht so schnell mitkommt. *„Man muss erstmal nachkommen, das dauert Wochen, bis man das verstanden hat. Dass man jetzt einer von denen ist, von denen man vorher ab und zu mal gehört hat.“* Die ersten Tage danach beschreibt Jasper P. als Schock, weil sie wie in einer Betäubung vergangen sind. Er hat sich viele Bilder und Videos seiner Tochter angesehen, was er bis heute nie mehr getan hat, weil er es nicht aushält. „Die Erinnerungen an ihren Tod sind die Hölle.“ Er hat den Tod seiner Tochter als etwas wahrgenommen, was eigentlich nicht passieren kann, er hat sich gefragt, ob das überhaupt real ist, was da abläuft, *„man fragt sich: Stimmt etwas mit der Realität nicht oder stimmt was mit dir nicht?“*.

Die Beerdigung. Der Familie P. hat im Krankenhaus, nach dem Tod ihrer Tochter, die Anwesenheit und die angenehme Art einer Krankenschwester, die sie unterstützte gut getan. Ein Klinikseelsorger wurde angeboten, den die Familie aber ablehnte, da sich der Gemeindepfarrer um sie kümmerte. Die Organisation der Beerdigung erfolgte noch im Schockzustand. Jasper P. hat besonders gut getan, dass er und seine Frau ihre gemeinsame Tochter in ihrem eigenen Auto zur Beerdigung fahren konnten. Auch hier ließ sich ein Weg finden. *„Wie ich finde, war es eine sehr große Beerdigung für so ein kleines Mädchen.“* Dass sehr viele Leute Anteil genommen haben und ihr Mitgefühl gezeigt haben, indem sie an der Beerdigung teilnahmen, hat Paula-Luisas Eltern gut getan. Jasper P. ist ein leidenschaftlicher Hobbyfotograf, und er hat sich deshalb darüber gefreut, dass es Bilder von der Beerdigung gibt. Er hat sie bis heute nicht angesehen, aber es beruhigt ihn, dass die Erinnerungen greifbar sind. *„Ein großes Thema nach dem Tod von der Paula war die Flüchtigkeit von Erinnerungen, dass man es nicht festhalten kann. Dieses Gefühl, dass Erinnerung verblasst, war ganz schmerzhaft. Wir wollen Paula nicht noch mal verlieren, indem sie Stück für Stück aus unserer Erinnerung verschwindet."*

Reaktionen des Umfeldes. Jasper P. fragte sich nach dem Tod von Paula-Luisa, was man mit Freunden in dieser Zeit tun soll. Sie können da sein, sich um Dinge kümmern wie z.B. Essen kochen und es vorbei bringen oder bei Behördengängen unterstützen, das hilft. *„Manche waren schon etwas ungeschickt."* Besonders seine männlichen Freunde haben so reagiert, wie er sich das unter Männern vorgestellt hat. *„Da war nicht die Gefahr lange Gespräche darüber zu führen, was ich auch nicht wollte, dass haben sie auch erfüllt."* Da die Gespräche unter Männern, wie erwartet und gewünscht, kurz blieben, bliebt es trotzdem nicht ganz aus, das man doch mal reden muss, auch wenn es immer das Gleiche ist, was man bespricht. Deshalb war Familie P. auch sofort klar, sich im Rahmen einer Trauergruppe mit Eltern zu treffen, denen ein ähnliches Schicksal widerfahren ist. Die Reaktionen seines Arbeitsumfeldes waren sehr positiv, er hat sich nie unter Druck gesetzt gefühlt und hatte immer die Möglichkeit nach Hause zu gehen, wenn er sich nicht mehr in der Lage fühlte weiterzuarbeiten, was hier zu berücksichtigen ist, da er als Logopäde in Kindertagesstätten arbeitet.

Symbole/ Rituale. Jasper P. hat selber einen Text für seine Tochter verfasst, den er auf der Beerdigung vorgelesen hat. Ein besonderes Ritual ist für ihn, regelmäßig zum Grab seiner Tochter zu fahren. Auf dem Grab ist noch kein Stein. Die Familie lässt sich noch Zeit, einen passenden Grabstein zu finden, *„so ein Stein hat was Endgültiges, das wäre zu früh gewesen."* Bei der Familie zu Hause, brennt auf dem Esstisch immer eine Kerze für Paula-Luisa und es gibt einige Fotos von ihr, die um die Kerze aufgestellt sind. *„So ist Paula immer dabei."* Auch der Kindersitz seiner Tochter befindet sich noch im Auto an seinem Platz, *„wir brauchten den Platz sowieso nicht, also ließen wir ihn einfach da drin."* Jetzt ist es so, dass Paula-Luisas kleiner Bruder schon fast dort hinein passt. *„Für Außenstehende ist das bestimmt komisch, dass kann ich auch verstehen."*

Veränderungen. *„Man gehört zu keiner richtigen Gruppe mehr dazu, außer zu den verwaisten Eltern, man ist nicht mehr Eltern wie die anderen Eltern, man ist nicht kinderlos wie die anderen Kinderlosen."* Jasper P. sieht die Veränderung nicht nur bei anderen, sondern auch bei sich selber, *„wir hatten ja auch mehr Kontakt zu Eltern, denen das Gleiche passiert ist."* Herr P. hat vorher in zwei Bands gespielt. Aus der großen Spaßband hat er sich zurückgezogen, *„das war mir zu oberflächlich."* Jasper P. bemerkt, dass er im Allgemeinen ernster geworden ist, *„doch auch das ändert sich aber wieder, ich merke, dass ich wieder mehr herumalbere als vor zwei Jahren."*
Ausdruck der Gefühle. *„Es geht weniger darum, Gefühle auszudrücken, sondern viel mehr an sie heranzukommen."* Jasper P. empfand auch eine Ohnmacht und eine Hilflosigkeit. Was sich auch so äußerte, dass er gar nicht wusste, was nun direkt nach dem Tod von Paula-Luisa zu tun war. *„Ich war im Krankenhaus und dachte, man, ich muss gleich noch arbeiten, ich dachte aber, so kann ich gleich doch nicht arbeiten gehen."* Jasper P. rief bei seiner Arbeitsstelle an und bekam erst da gesagt, dass er sich krankschreiben lassen kann. Dass tat er dann auch. Er war so durcheinander, dass ihm das von alleine gar nicht in den Sinn kam. *„Ich wusste ja nicht, was da jetzt zu tun ist."* Jasper P. hat allen seinen Gefühlen freien Lauf gelassen und sie auch nicht durch Medikamente betäubt. *„Es war immer das Gefühl da, nach dem Tod von Paula, die Trauer an Paula auch noch zu töten."* Nach zwei Wochen ist Jasper P. wieder zur Arbeit gegangen. *„Mir hat das fast nichts ausgemacht, weil ich immer das Gefühl hatte, auch wenn ich andere Familien mit Kindern gesehen habe, das ist nicht das Kind, was ich haben will, das ist ja nicht Paula, ich will Paula wieder haben."* Geholfen hat ihm die Arbeit, da er so wieder in einen Rhythmus gekommen ist. Längerfristig haben ihm auch seine Hobbies geholfen. Wichtig war hier die Fotografie, ebenso wie sein zweites Hobby, die Musik.
Ein sehr dominantes Gefühl, was Jasper P. beschäftigte, war das Schuldgefühl. Die Frage, ob vielleicht doch jemand Schuld an Paula-Luisas Tod hatte, musste geklärt werden. Die Eltern wollten für sich wissen, ob sie was falsch gemacht haben. Es stellte sich dann aber später raus, dass sich niemand einen Vorwurf machen musste, weder die Eltern noch die Ärzte.

3 Die Vätertrauer

„Manchmal wollt ich fast verzagen und ich glaubt ich trüg es nie. Und dann hab ich's doch getragen. Frag mich nur nicht, wie." (Heinrich Heine)

In der Forschung zählt der Tod eines Kindes als „nicht–normatives" Ereignis. Das sind Ereignisse, mit denen nicht gerechnet wird, weil sie plötzlich und unerwartet geschehen oder nur den Einzelfall und nicht die Gesamtheit der Menschen betreffen. Dies ist besonders bei Fehl- und Stillgeburten der Fall. Die Geburten verlaufen meist still. Die Sprachlosigkeit ist zu groß. Das Geschehene wird verschwiegen, weil den Betroffenen die Worte fehlen oder weil die toten Kinder für andere unsichtbar sind. Tritt der Tod des Kindes im Mutterleib oder direkt nach der Entbindung ein, ist das Kind für das Umfeld der Eltern nahezu unsichtbar, da sie keine Beziehung zu ihm aufbauen konnten. Dieser Umstand erschwert es den Eltern und insbesondere den Vätern, mit jemanden über das ungeborene oder stillgeborene Kind zu reden. Für die betroffenen Eltern ist es aber wichtig, über ihr Kind zu reden, um das Unfassbare zu realisieren. Die Mütter, die eine intensivere Bindung zu ihrem Kind aufbauen konnten, finden vielleicht in ihren eigenen Müttern oder in einer guten Freundin, die selbst einmal schwanger war, eine gute Gesprächspartnerin. Doch Männer[90], die in ihrer traditionellen Rolle befangen sind, können mit diesem Schicksalsschlag weniger gut umgehen als Frauen, denn sie neigen oft dazu Verstand und Gefühle zu trennen. So ist die Folge, dass die Väter sich mit dem kritischen Ereignis mehr rational als emotional auseinandersetzen. Sie vernachlässigen somit die emotionale Trauerarbeit. „Diese Interpretation darf nicht uneingeschränkt verallgemeinert werden."[91] Man kann aber davon ausgehen, dass Frauen und Männer mit kritischen Lebensereignissen in unterschiedlichster Weise umgehen und auch anders reagieren, was vom Inhalt und der jeweiligen Qualität des Ereignisses abhängig ist. Wie Väter mit

[90] Anmerkung: Im Folgenden werden die Begriffe Männer und Väter als Synonyme verwendet.

[91] Kasten, 2003, S. 192.

ihrer Trauer umgehen und warum sie anders mit ihr umgehen, wird versucht darzustellen.

3.1 Vätern fehlen die Worte

Dass den meisten Vätern, die den Tod ihres Kindes miterlebt haben, oft die passenden Worte fehlen, führt nicht selten zu Missverständnissen. Gerade zwischen ihnen und der Mutter des Kindes kommt es dann zu Konflikten, wenn die Frau glaubt, der Mann würde nicht um sein Kind trauern, weil er nicht die gleichen Gefühle zum Ausdruck bringt, wie sie es tut. Frauen sehen das als Beweis an, dass das, was passiert ist, dem Mann einfach gleichgültig ist. Väter werden dann ungerechtfertigt als gefühllose, kalte, ignorante und wohlmöglich auch noch als Menschen beschrieben, die unfähig sind, Liebe zu zeigen. Was aber ist, wenn die Väter so viele Tränen gar nicht ertragen können, wenn ihnen der Verlust des Kindes und die Trauer der Partnerin so nahe gehen, dass sie sich lieber davon ablenken als sich mit in die tiefe Trauer reißen zu lassen. „Um nicht von der Trauer beherrscht zu werden, versuchen sie, sich gegen ihr Gefühl des Niedergeschlagenseins zu stählen und ihren Schmerz geheim zu halten."[92] Vätern bleibt das Geschehen genau so im Gedächtnis wie den Müttern, sie vergessen es nicht und müssen deshalb auch nicht ständig daran erinnert werden. Vielmehr haben sie noch zusätzlich damit fertig zu werden, wenn sie feststellen, dass sie es nicht geschafft haben, der Partnerin die Wunde in ihrem Herzen zu schließen. Es ist ein anderer Umgang und ein anderer Ausdruck der Trauer, wenn sie einen Vater betrifft. Charakteristisch beschrieben, denken sich Väter durch die Trauer, sie lassen sich weniger von ihren Gefühlen leiten, wie man es vielleicht erwartet, sondern viel mehr von ihrem Intellekt. Von Männern hört man oft, dass sie das, was sie fühlen, nicht wirklich beschreiben können. „Es ist als fehle den Männern eine allgemein gültige Sprache, in der sie ihre Gefühle vermitteln oder in die sie ihre Erfahrungen kleiden können."[93] Auch wenn die Worte und der Ausdruck der Gefühle der Väter nicht so ausfallen, wie es von vielen erwartet wird, darf man nicht vergessen, dass die Väter den Schmerz

[92] Levang, 2002, S. 34.

und die Zerrissenheit genau so erleben wie die Mütter. Nur weil es den Vätern schwerer fällt, ihre Gefühle in Worte zu fassen, heißt das noch lange nicht, dass sie keine haben. Hier ist es wichtig, noch einmal die Doppelbelastung der Väter zu erwähnen. Es wird von ihnen verlangt ihren „Mann zu stehen" und als Beschützer und Verteidiger aufzutreten, wobei gleichzeitig auch erwartet wird, dass er einfühlsam und für Gefühle empfänglich ist. Die Väter stehen zu oft zwischen diesen beiden Extremen. Die Sprache der Männer wird meist als bestimmend, kurz und prägnant beschrieben, man hat das Gefühl, dass sie an Worten sparen. Sie hören nicht wie die Frauen in sich hinein und konzentrieren sich auf ihr Inneres. Männer scheinen mehr an der äußeren Welt interessiert zu sein und verlassen sich auf ihre Worte, um ihre persönliche Stellung und Freiheit aufrecht zu erhalten.[94] Levang greift auf, dass Männer ihre Gefühle gerne unterdrücken oder ignorieren. Daraus könnte man folgern, dass sie es nicht absichtlich tun, sondern dass sie lediglich nicht über sie reden können. Aus eigener Erfahrung lässt sich sagen, dass beim Ansprechen eines Mannes auf ein belastendes Lebensereignis oft der Rückzug des Mannes aus dem Gespräch spürbar wird. Meistens möchte er andere nicht belasten und auch oft nicht tiefer in seine Gefühlswelt eintauchen. Ein Mann unterschätzt seine Gefühle vielleicht auch und deshalb werden sie lieber abgetan und nicht geäußert. „Männern fehlt eine Sprache für die Trauer."[95] Den Vätern sollten die Gefühle nicht abgesprochen werden oder Zweifel daran erhoben werden, dass sie welche haben. Gefühle hat jeder Mensch, egal welchem Geschlecht er angehört, es ist nur eine andere Art, wie sie zum Ausdruck kommen, angenommen und verarbeitet werden. Vätern fehlt beim Erzählen ihrer Geschichte und beim Beschreiben ihrer Gefühle, oft eine flüssige Sprache für ihre Trauer und ihren Schmerz. „Männer haben in ihrer Gesamtheit keine Sprache der Trauer für sich erschaffen."[96] So ist dies wieder auf das traditionelle Bild des Mannes zurückzuführen, dem beigebracht wurde, dass man seine emotionalen Schmerzen nicht zeigt und

[93] Ebd. S. 34.
[94] Vgl. Levang, 2002, S. 44.
[95] Ebd. S. 44.
[96] Ebd. S. 45.

der nie gelernt hat, Worte der Trauer zu benutzen. Die Väter hören die Worte der Trauer bei dem Verlust ihres Kindes in erster Linie von ihren Partnerinnen oder haben sie schon mal irgendwo gelesen. Die Worte existieren vielleicht in Todesanzeigen oder auf Grabsteinen, jedoch nicht im Wortschatz der meisten Männer. Leider werden immer noch gerade viele junge Männer ausgelacht oder gemieden, wenn sie ihre Gefühle zeigen. Sie erscheinen dann in den Augen der anderen Männer als weich und unmännlich. „Direkt mit Worten oder indirekt ohne Worte wird ihnen beigebracht, jene Seiten ihrer Identität zu verleugnen oder aufzugeben, die etwa emotionalen, spirituellen oder physischen Schmerz empfinden.“[97] Doch meiner Meinung nach finden Gefühle ihren Weg, ob direkt oder indirekt auch bei den Vätern, Gefühle können nicht geleugnet werden. Es wäre schlimm, wenn die Väter dies tun würden. Es würde bedeuten, dass sie ihr Kind leugnen, wenn sie ihre Gefühle und den Schmerz, welcher nach dem Tod des Kindes in ihnen ist, einfach unterdrücken. Es ist selten, dass ein Mann an der Schulter einer anderen Person weint, schon gar nicht an der Schulter eines anderen Mannes. Wenn Väter sich nicht dazu überwinden können ihre Trauer bei anderen Menschen herauszulassen, sie niederzuschreiben oder darüber zu sprechen, kann das auch schwere Folgen haben. Die schlimmen Erfahrungen der Väter sind in ihnen gefangen und können nicht heraus. Dies ist das gleiche Phänomen, welches im ersten Kapitel bereits beschrieben wurde. Die Trauer sollte nicht gefangen gehalten werden, damit der Betroffene nicht noch mehr leiden muss, weil sein Körper irgendwann unter dem Schmerz rebelliert. Väter verringern ihre Selbstheilungskräfte, wenn sie sich mit ihren Gefühlen nicht „anfreunden“. Niemand macht das gerne mit dem Hintergrund ein Kind verloren zu haben. Doch es gibt kein Fliehen vor der Trauer, auch wenn man alles geben würde, um sein altes Leben zurückzubekommen. Man muss sich der Trauer stellen um zu überleben, es muss geklärt werden, was in einem geschehen ist. Jeder weiß, dass der Mensch innerlich mit sich im Reinen sein muss, damit er in der Außenwelt zurecht kommt. Unsere Welt besteht aus Sprache, durch sie teilen wir uns mit. Unsere Wünsche, Hoffnungen und Er-

[97] Levang, 2002, S. 46.

fahrungen erreichen durch die Sprache andere Menschen, die dran teilhaben sollen. „Wenn unsere Worte einen genauen Zusammenhang zu einem Gefühl herstellen, dann erreichen wir „Authentizität"- und Frauen glauben oft, dass sie fehlt, wenn Männer trauern."[98] Hier sei gesagt, dass die Unterschiedlichkeit der Bedeutung der Wörter, die im Zusammenhang mit Gefühlen stehen, besser berücksichtigt werden muss. Es sollte eingesehen und bedacht werden, dass Männer eine andere Art haben zu trauern. In dem Zusammenhang vielleicht auch ganz nach dem Motto, eine Geste sagt mehr als tausend Worte.

3.2 Väter trauern wie Männer

Beim Bearbeiten der zur Verfügung stehenden Literatur zu dem Thema „Vätertrauer" wurde bemerkt, dass nicht nur die Situation der Väter bei Verlust eines Kindes unberücksichtigt bleibt, sondern auch die Situation eines Witwers, der ohne seine Frau weiterleben muss. Es wird demnach vorausgesetzt, dass die Männer relativ schnell wieder genesen und sich von dem schlimmen Ereignis erholen. Das zeigt, dass auf die Situation der trauernden Männer in unserer Gesellschaft keine Rücksicht genommen wird. Die Kennzeichen, die Trauer ausdrücken, sind nicht mehr sichtbar, es wird z.B. kaum noch schwarze Kleidung getragen. „Da Trauernde nicht erkannt werden, gibt es auch wenige Vorbilder für mögliches Trauerverhalten."[99] Daraus folgt, dass Männer, ob sie nun die Vaterrolle oder die Rolle des trauernden Ehemannes inne haben, gar keine Möglichkeit haben, sich an Modellen zu orientieren, die ihnen zeigen, wie sie als Männer trauern dürfen. Lassen Männer ihren Tränen in der Öffentlichkeit freien Lauf, was sehr selten vorkommt, ist das Umfeld schockiert. Es ist wohl so, dass das Umfeld der trauernden Väter sich einfach herausnimmt zu glauben, dass die Väter standhaft bleiben müssen, dass sie nicht so emotional und hilfsbedürftig sind und einfach weniger trauern. Diese Einstellung führt dazu, dass, wie hier den Vätern im Speziellen, weniger Hilfestellung zur Verfügung steht. Ein Beispiel, was hier zu nennen ist: „(...) es soll Arbeitgeber geben, die meinen, sie tun den Trauernden

[98] Ebd. S. 50.

einen Gefallen, wenn sie ihnen mehr Arbeit geben, damit sie eben nicht auf traurige Gedanken kommen."[100] Das ist eine sehr kontraproduktive Einstellung der Arbeitgeber, die sich wahrscheinlich noch nie mit der Trauer auseinandergesetzt haben. Die Ansicht der Gesellschaft und das falsche Denken in den Köpfen der Menschen werden durch solche Handlungen noch verstärkt und werden so nie zu einer Gleichberechtigung von trauernden Männern führen. Sogar in der gesetzlichen Vorschrift zur Regelung von Sonderurlaub berücksichtigt der Gesetzgeber für den Arbeitgeber beim Todesfall seines Kindes höchstens zwei Tage Sonderurlaub.[101] Hier hat aber jeder Arbeitgeber die Freiheit, individuell für sein Unternehmen festzulegen, wie viele Tage er zu verschiedenen Anlässen gewährt. Hilfreicher wäre hier wohl eine allgemeine gesetzliche Regelung, die für alle Väter eines verstorbenen Kindes eine genaue Anzahl der Sonderurlaubstage regelt. Das wäre zumindest eine im Gesetz verankerte, allgemeingültige Anerkennung der Vätertrauer, der auch ehrlich und aufrichtig Zeit gegeben wird. Es bleibt sonst nur noch die Möglichkeit der Krankschreibung, um nach einem solchen Schicksalsschlag zu trauern und für seine Familie da sein zu können.

Für das bestimmte Trauerverhalten von Männern gibt es nach Bödiker und Theobald mehrere Gründe, die im Folgenden aufgeführt werden. Ein gewichtiger Punkt ist der, dass Männer ihre Männerfreundschaften mehr anpreisen als nutzen. „Männer von heute verfügen laut eigenen Aussagen nicht über Freundschaften, in denen Gefühle und Befindlichkeiten, insbesondere auch negative, besprochen werden können."[102] Die Inhalte der Männerfreundschaften kreisen eher um Themen wie Freizeit, Sport, Politik und Arbeit. Sie gehen joggen oder unerhalten sich über ein neues Automodell und nicht über den Verlust ihres Kindes und den Schmerz, der in ihnen vorherrscht. Nicht viele Männer thematisieren in ihren freundschaftlichen Gesprächen emotionale und soziale Befindlichkeiten. Wird das Gespräch dann doch tiefgründiger und Sorgen werden erzählt, „(...) reicht es nur zu einem Schulterklopfen und gut

99 Bödiker/ Theobald, 2007, S. 70.

100 Ebd. S. 70.

101 Vgl. § 616 BGB.

102 Bödiker/ Theobald, 2007, S. 72.

gemeinten Ratschlägen."[103] Deshalb ist es gerade bei dem Verlust eines Kindes von großer Bedeutung, dass die Väter sich gezielt mit anderen Vätern, die ein gleiches Schicksal erfahren haben, unterhalten können oder sich wenigstens von der ebenfalls trauernden Mutter und ihrem Umfeld verstanden fühlen. Die bereits angesprochenen Missverständnisse zwischen Vater und Mutter, die aufgrund der fehlenden Trauersprache der Väter auftreten können, sollten von vornherein vermieden werden, damit das eingeschränkte psychosoziale Netz der Väter sich nicht noch mehr verkleinert. Ein weiterer Punkt ist, dass Männer schwerwiegende Schicksalsschläge sehr gut verdrängen können. Nach Bödiker und Theobald versuchen betroffene Männer das Geschehene ungeschehen zu machen, in dem sie sich in Arbeit stürzen und sich körperlich verausgaben. „ Männer die ihr körperliches Erleben auf Sexualität bzw. auf kraftbetonten Sport reduziert haben, fehlt die Sensibilität für Symptome ihres Körpers während der Trauer, sie spüren sich nicht mehr, und können dadurch auch Krankheitssymptome nicht nutzen."[104] Das ist ein klares Anzeichen von Verdrängung, um sich nicht mit der belastenden Situation auseinandersetzen zu müssen. Für Väter könnte es ein Weg sein, ihren Schmerz zu betäuben. Ein dritter Punkt, der unbedingt noch erwähnt werden muss, ist der Verlust der Lebensorientierung vieler Männer. Wenn ein Kind stirbt, beklagen die Väter diesen unbeschreibbar großen Verlust, was sich auch in dem Verlust von Zielen, Hoffnungen, Plänen, Orientierungen, Aufgaben und Gewohnheiten widerspiegelt. Wenn Menschen, die einen Verlust erlebt haben, sich an etwas orientieren können, z.B. an anderen Menschen, bzw. einer Struktur folgen können, dann haben sie das Gefühl zu leben und nicht von ihrer Trauer eingenommen zu werden. Sie leben weiter, ihr Leben geht weiter, „und sie lassen es auch zu, dass der Verlust in den Hintergrund tritt."[105] So ist es nur mehr als verständlich, dass sie die entstandene Lücke in ihrem Leben, welche das Kind hinterlassen hat auch wieder füllen möchten. Der Wunsch von Vätern nach sexueller Nähe und nach einem neuen Kind

[103] Bödiker/ Theobald, 2007, S. 72.
[104] Ebd. S. 74.
[105] Bödiker/ Theobald, 2007, S.74.

nach diesem Schicksalsschlag ist oft ausgeprägter als bei der Frau.[106] Es gibt die Überlegung, ob es nicht vielleicht daran liegt, dass der Mann weniger gut mit der Situation zurecht kommt als die Frau, dass er weniger gut alleine sein kann und andere Menschen um sich herum braucht. Väter können sich und ihren Schmerz vielleicht nicht so gut aushalten. Wenn der Mann allerdings nur schlecht alleine sein kann, dann muss bedacht werden, dass er sich in verschiedene Abhängigkeiten rein manövrieren kann.

Diese Abhängigkeiten sind allgemein zu verstehen, es können andere Menschen sein, an die er sich klammert, das kann aber auch eine eventuelle Abhängigkeit vom Alkohol oder anderen gefährlichen Genussmitteln sein, die das Gefühl alleine zu sein erleichtern und betäuben. Vielleicht ist auch deshalb die Hypothese aufgestellt worden, die Bödiker und Theobald in ihrem Buch erwähnen, „dass Männer zwei Jahre später als Frauen mit der Trauerarbeit beginnen."[107] Die unterdrückte Trauer ist und bleibt eine Gefahr für Betroffene.

3.3 Väterliche Ausdrucksformen ihrer Trauer

Das Gefühl, wenn ein Mensch einen Menschen verliert, ist ein lähmendes Gefühl. Das eigene Leben läuft an einem vorbei wie ein Film, indem man aber selber gar nicht mitspielt. Alle anderen drehen und bewegen sich, nur man selber kommt nicht vom Fleck. Es fühlt sich alles so unbeweglich an, vieles erscheint matt, Aktionen erscheinen so, als würden sie automatisch geschehen. Dieses Gefühl kennen Männer auch, sie sind erschüttert und fühlen sich durcheinander. „Sie sind benommen und widerstandslos und fühlen sich schlecht auf das Kommende vorbereitet."[108] Die Angst ist nicht nur bei vielen trauernden Männern ein ständiger Begleiter, das Gefühl der Unsicherheit, nachdem die Trauer in das eigene Leben getreten ist, ist gegenwärtig. Wer diesen Zustand schon mal erlebt hat, weiß, dass Angst hilflos machen kann. Gerade wenn ein Mann von einem Schicksalsschlag wie dem Tod des eigenen Kindes getroffen wird, verspürt er eine große Hilflosigkeit. Wie ein

106 Vgl. ebd., S.74.
107 Bödiker/ Theobald, 2007, S. 74.
108 Levang, 2002, S. 77.

Mann damit umgeht, ist die entscheidende Frage. Böhnisch und Winter erklären, „Hilflosigkeit ist erst einmal ein allgemein menschliches Phänomen, das Mann und Frau gleichermaßen erfaßt."[109] Auf den Mann bezogen muss wieder klar gemacht werden, dass er dem gesellschaftlichen Zwang sich anzupassen, ausgeliefert ist. Das bedeutet, die eigenen Gefühle zu unterdrücken, Gefühle wie die angesprochene Trauer, die Hilflosigkeit und Angst passen eben nicht zum Mannsein. Eltern zeigen ihren Söhnen schon in früher Kindheit diese Gefühle nicht, so entsteht ein schwacher Kontakt zu ihrem Selbst, oder er geht ganz verloren.[110] Aufgrund des Spannungsverhältnisses zwischen dem gesellschaftlich immer vager werdenden Aufforderungscharakter des Gendering und der herrschenden Misere der männlichen Autonomie haben Böhnisch und Winter versucht, männliche bzw. väterliche Bewältigungsstrategien zusammenzufassen. Dies sind Prinzipien, die das Empfinden und die Betroffenheit des Mannes signalisieren.[111] Es ist darauf zu achten, dass die Prinzipien sich in der Realität miteinander vermischen und zusammenfließen können, hier wird lediglich ein Ideal beschrieben. Es werden folgenden Prinzipien aufgestellt:

- Prinzip der Externalisierung
- Prinzip der Stummheit
- Prinzip des Alleinsein
- Prinzip der Körperferne
- Prinzip der Rationalität
- Prinzip der Kontrolle

Das erste Prinzip ist auch das wesentliche Strukturelement in der männlichen Sozialisation. Die Externalisierung beschreibt die Orientierung der Wahrnehmung und des Handeln der Männer nach außen. Dies drückt einen Mangel an Verbindungen zu sich selbst aus und zu anderen Personen. Unweigerlich mit der Externalisierung einhergehen damit die mangelnde Empathiefähigkeit der Männer und eine reduzierte Fähigkeit mit Beziehungen und Gruppen umzugehen. Das Prinzip der Externalisierung untersagt somit das „in-sich-

[109] Böhnisch/ Winter, 1993, S. 26.
[110] Vgl. Böhnisch/ Winter, 1993, S. 27,
[111] Vgl. ebd., S. 129,

hinein-hören" und die eigenen Bedürfnisse zu äußern. Das Prinzip, das an zweiter Stelle aufgeführt wird, ist das Prinzip der Stummheit. Es wurde schon darauf hingewiesen, dass Männern für das Ausdrücken der eigenen Trauergefühle die Sprache fehlt. Auch hier ist gemeint, dass Männer durchaus reden können, doch das sie nicht gern über sich selbst und ihre Gefühle reden, was den fehlenden Bezug zu sich selbst widerspiegelt. Dieses Prinzip beschreibt die Sprachlosigkeit über sich selbst. Direkt an das Prinzip der Stummheit ist das Prinzip des Alleinseins geknüpft. Der Mann genügt sich selbst, alleine zu sein bedeutet auch selbstständig sein zu können. Er greift nicht auf andere zurück, er wird mit seinen Problemen alleine fertig und lehnt die Unterstützung durch andere ab. Das vierte Prinzip, das hier beschrieben wird, ist das der Körperferne. Es benennt verschiedene Ebenen. Wichtig ist die Ebene, auf der die Funktion des eigenen und des fremden Körpers der Frau eine Rolle spielt. Ebenso wie die Ebene, auf der der Mann seinen Körper vernachlässigt und somit medizinische Warnsignale nicht wahrnimmt. Dies entspricht einer Unwissenheit über den eigenen Körper. Anders ist es beim Prinzip Kontrolle. Hier versucht der Mann seinen Körper und seine Gefühle vor anderen Menschen zu kontrollieren. Auch dieses Prinzip bezieht sich auf den Mann und sein Selbst. Das letzte Prinzip ist das der Rationalität. Hier sind die Wissenschaftlichkeit und die Logik vorherrschend, wobei das Denken und das Fühlen der Männer eine untergeordnete Rolle einnimmt. Wesentliche Teile des emotionalen Bereiches wurden aus dem Arbeits- und Lebensprozess der Männer herausgedrängt.[112]

3.4 Exkurs: Die Männergruppe

Bevor nun im nächsten Kapitel eine Trauergruppe für Väter angesprochen wird, ist es notwendig, einige Informationen zu einer Männergruppe zu nennen. Es handelt sich hier nur um Begleitinformationen, da es sich im Ansatz um analytische Männergruppen handelt, die das Thema Trauer nicht behandeln. Doch die allgemeinen Punkte, die Männer in Gruppen betreffen, oder warum diese eine große Scheu verspüren, Gruppen beizutreten, können zum

[112] Vgl. Böhnisch/ Winter, 1993, S. 130f,

besseren Verständnis beitragen. Es handelt sich um Erfahrungen von Holger Brandes, der mit analytischen Männergruppen nach dem methodischen Ansatz von S.H. Foulkes arbeitet. Foulkes arbeitet mit der Gruppenanalyse und hat Charakteristika beschrieben, die solche Gruppen von gemischtgeschlechtlichen unterscheiden. Brandes hat durch seine intensive Arbeit mit Männergruppen herausgefunden, dass für den größten Teil der Männer ein intimes und persönliches Verhältnis bzw. Umgehen mit dem gleichen Geschlecht wie in einer Gruppe eine völlig neue Erfahrung darstellt, die keine Parallelen zu ihren bisherigen Biographien aufweist. „Wenn Männer zum ersten Mal an einer Therapiegruppe nur mit Männern teilnehmen, fällt es ihnen ausgesprochen schwer, in dem intimen Rahmen, den eine Kleingruppe von vielleicht acht bis zehn Teilnehmern bildet, einen tragfähigen sozialen Kontext herzustellen.“[113] Damit ist besonders die Kommunikation gemeint. Es kann sein, dass fast jede Sitzung mit einem ausgedehnten Schweigen beginnt, in der alle auf eine Hilfestellung warten, um miteinander in Kontakt zu treten. Solche schweigsamen Phasen sind auch während der Sitzung nicht ausgeschlossen, sie bedeuten allerdings nicht die Ankündigung einer neuen Idee oder eines Gesprächsthemas, sondern vielmehr, dass das kommunikative Netzwerk zusammengebrochen ist.

„Männergruppen konstituieren sich in der Regel reaktiv, und ihre Teilnehmer erfahren ihre emotionalen Defizite und Leidensgrenzen häufig in der Kontroverse mit aus traditionellen Mustern ausbrechenden Frauen.“[114] Jedoch hat das Setting einer analytischen Männergruppe auch Vorteile, die sich bemerkbar machen, wie z.B., dass Männer hier lernen, wie sie einen Zugang dazu bekommen, sich auf einer persönlichen und emotional tragfähigen Weise mit anderen vernetzen zu können, ohne sich dabei auf Frauen stützen zu müssen. Allerdings hat Brandes bemerkt, dass in manchen Sitzungen durchaus auch die Anwesenheit von Frauen gewünscht wird, gerade dann, wenn es im Gruppenverlauf um Phasen geht, die als Phasen der gemeinsamen Hilflosigkeit interpretiert werden: Dann, wenn der Gruppenprozess eine neue Qualität

[113] Brandes, 1992, S. 305.

[114] Ebd. S. 307.

bekommt, durch intimes Sprechen, das Austauschen von scham- oder angstbesetzten Erfahrungen und Vorstellungen.[115] Hier liegt der Wunsch nach Frauen, die die Vermittlung übernehmen, sehr nah. Daraus kann geschlossen werden, dass der Prozess in einer reinen Männergruppe eine mühevolle Angelegenheit werden kann. Die Auswirkungen können dann, lange Schweigephasen, der Zusammenbruch der Kommunikation und die Phase der Hilflosigkeit sein. „Hiermit ist als weitere Problematik verbunden, dass Männer in den Beziehungen untereinander spontan dazu neigen, Hierarchien aufzustellen und die Kommunikation unbewusst unter dem Aspekt zu strukturieren, wer in der Gruppe dominiert und wer sich unterordnet. Ein solcher Kommunikationsstil ist aber wenig geeignet für einen persönlichen und intimen Austausch.[116] Schon gar nicht denkbar für eine Trauergruppe, in der diese Art von Machtgehabe und das Profilieren der Männer völlig fehl am Platze wäre. Einen letzten Aspekt, den Brandes nennt, ist eben dieser Umgang mit Emotionen, besonders mit solchen der Enttäuschung und der Trauer. Hier lässt sich die Gruppenentwicklung in Richtung einer modifizierten männlichen Identifikation ablesen. „Gruppensitzungen, in denen Teilnehmer erstmals ihre Erschütterung ganz ohne Versuch der rationalen Bemäntelung und unter Tränen zeigen, sind häufig die emotional dichtesten des gesamten Gruppenprozesses."[117] Sollte dies in einer Gruppe für trauernde Väter geschehen, ist ein Ziel erreicht, wenn die Gruppe sich innerlich an diesen Emotionen beteiligen kann und sich betroffen und solidarisch zeigt. Ähnlich wie Brandes, der sich ausschließlich aus der psychotherapeutischen Sicht mit analytischen Männergruppen beschäftigt, hat auch Walter Hollstein Erkenntnisse über Männergruppen gesammelt, die aber auf der soziologischen Sichtweise beruhen. Er hat festgestellt, dass in einem erwachsenen Männerleben das Erlebnis einer Gruppe mit spezifischen Gefühlen der Zugehörigkeit, des Zusammenhalts und der Mitverantwortung nicht mehr vorkommt. Es ruht in Bezug auf Familie und Beruf viel auf den Schultern des Mannes. Eine Männergruppe bzw. eine Trauergruppe für Männer könnte dazu führen, dass der

[115] Vgl. Brandes, 1992, S. 310.
[116] Ebd. S. 312.
[117] Ebd. S. 314.

Mann lernt, mit Männern zu leben bzw. sie einmal anders wahrzunehmen. „Der Mann erfährt den anderen Mann als vielschichtig, rückt ihn aus den Schablonen des Gegners und des latent Begehrten heraus. „Er muß Gefühle für den Mann äußern, sonst funktioniert die Gruppe nicht.“[118] Sich einer Gruppe anzuschließen, die ihnen dabei hilft mit einem schweren Schicksalsschlag umzugehen und in der über Gefühle und Empfindungen gesprochen wird, fällt vielen Männern schwer. Brandes erklärt in seinem Aufsatz, warum eine solche Gruppe als „unmännlich“ angesehen wird: „Jede Männergruppe ist darüber hinaus der Gefahr ausgesetzt, als homosexuelle Vereinigung und damit als „unmännlich“ diffarniert zu werden. Dies galt schon für klassische Männerbünde, die sich deshalb umso maskuliner gebärdeten und umso rigider auf ihre Respektabilität und den Ausschluß tatsächlicher Homosexualität bedacht waren.“[119] Ob der Gedanke der Homosexualität in Bezug auf eine Trauergruppe für Väter realistisch ist und ob dies tatsächlich ein Hindernis für Väter darstellt, sich einer solchen Gruppe nicht anzuschließen, kann hier an dieser Stelle nicht weiter ergründet werden. Die Männer in einer Männergruppe sind sich und ihren Emotionen selber überlassen. Dass keine Frauen anwesend sind, die die Männer ablenken könnten, ermöglicht ihnen ein konzentriertes Auseinandersetzen mit dem eigenen Gefühlsleben, Problemen und Konflikten. Dies ist ein Vorteil für den Mann und ein Schritt in die Selbstständigkeit des Mannes, was sein Gefühlsleben betrifft. Er greift sonst immer noch gerne auf die emotionalen Kompetenzen der Frau zurück, gerade wenn es sich um intimere Kontexte handelt, die ihn beschäftigen. Brandes nennt noch einen wichtigen Aspekt, der noch einmal die Einstellung unserer Gesellschaft zu trauernden Männern unterstreicht. Es geht in erster Linie um die Konkurrenz, die Männer untereinander aufkommen lassen, wenn sie kommunizieren. Sie tendieren dann dazu, ihre Kommunikation im Sinne von Hierarchie und Konkurrenz zu strukturieren. Brandes sieht die Arbeit an der Konkurrenzbeziehung untereinander und an deren Überwindung als Vorrausetzung für einen anderen Umgang mit Emotionen, besonders bei denen der Trauer

[118] Hollstein, 1999, S. 107.
[119] Brandes, 1994, S. 24.

und der Enttäuschung.[120] Wesentliche Bedeutung hat hier, ob Männer es schaffen, dass bereits mehrfach angesprochene Dogma, das ihnen auferlegt wurde, zu durchbrechen. Das Dogma „Männer dürfen nicht weinen“ hindert viele Männer daran, einen Zugang zu ihren tiefsten Emotionen zu bekommen, traumatische Ereignisse können so nicht verarbeitet werden. Hollstein bezieht sich auf Erfahrungsberichte von Männergruppen, in denen beschrieben wird, dass Männer sich zum ersten Mal in ihrem Erwachsenenleben anderen Männer annähern, ohne dabei einen Gedanken an Konkurrenz, das Eingestehen von Schwäche, oder an andere diffuse Männergefühle zu verschwenden. Die Männer erleben in einer Männergruppe bewegende Schlüsselerlebnisse in Bezug auf Gefühlsäußerungen, die eigentlich ganz natürlich sind. „So schildert ein Teilnehmer mit bewegenden Worten, was es für ihn bedeutet, zum ersten Mal einem anderen Mann sagen zu können, dass er müde oder ängstlich sei.“[121] Ewing definiert sieben Stufen in der Dynamik von Männergruppen. Die Selbsterkenntnis der Männer, dass sie Hilfe brauchen und in Nöten stecken, geben sie oft nicht zu. Darum zu bitten, ist eine einzigartige Erfahrung für Männer. Ebenso neu für den Mann ist die zweite Stufe, die das Erleben von Vertrautheit und Intimität in der Gruppe kennzeichnet. „Männer haben im sozialen Umgang mit anderen Männern nur Oberflächlichkeit, Einsamkeit, Wettbewerb, Leistung, Dominanz und Kontrolle kennengelernt.“[122] Durch die Männergruppe lernen sie sich anderen Männern gegenüber zu öffnen und bemerken, dass es viele andere mit den gleichen Erfahrungen gibt. Auf der dritten Stufe befinden sich die Problemlösungen. Von Männern ist bekannt, dass sie für ihre Probleme eine logische Problemlösung suchen. Durch die Gruppe erkennen sie, dass sie auch ihr Herz einsetzen können, um zu einer geeigneten Lösung zu gelangen. Sie müssen umlernen und sich trauen, es auszuprobieren. Die vierte Stufe schließt sich an und dreht sich um die Gefühle der Männer, die lernen müssen, ihre Emotionen wieder zuzulassen und auf sie zu hören. Den positiven Gefühlen der Stufe vier folgen auf der Stufe fünf die negativen Gefühle wie Ärger, Wut und

120 Vgl. Brandes, 1994, S. 29.
121 Hollstein, 1999, S. 107.
122 Hollstein, 1999, S. 108.

Feindseligkeit. „Männer mußten in ihrer Sozialisation lernen, ihre negativen Gefühle zu unterdrücken, smart zu sein, ein Pokerface aufzusetzen."[123] Es ist leicht nachzuvollziehen, wie schwer es ist, Gefühle zu unterdrücken und dass dies eine ungeheuerliche Anstrengung ist. Die Folgen dessen bleiben daher nicht aus. Nicht nur verspannte Körper, sondern auch gespannte Stimmungen resultieren daraus. Daher sind die sechste und siebte Stufe problemzentriert und betreffen die detaillierte Auseinandersetzung der Männer mit ihrem Leben und ihren Problemen, zu denen das Auseinandersetzen mit der Umwelt und den darin lebenden, wahrscheinlich einem Mann nahestehenden Menschen gehört. „Die Erfahrungsberichte von Männergruppen dokumentieren Probleme mit der Fluktuation von Mitgliedern, Gefühlen von Eifersucht, Verklemmtheit und Frustration, dazu viele Ängste und Tendenzen, Widersprüche glätten zu wollen und Konflikte zu vermeiden."[124] Trotz allem kann Hollstein ein positives Resümee ziehen, das aus den Erfahrungsberichten der Männer resultiert. Die positiven Erfahrungen in einer Männergruppe überwiegen und einige Männer bringen aus den Gruppen sogar neues Selbstbewusstsein mit.

[123] Ebd. S. 109.
[124] Hollstein, 1999, S. 109.

4 Die Trauergruppe

„Daß wir miteinander reden, macht uns zu Menschen.“ (Karl Jaspers)

Nachdem in den ersten Kapiteln dieser Studie auf die Trauer der Väter beim Verlust ihres Kindes eingegangen wurde und ihre Erlebnisse dargestellt wurden, wird jetzt eine Möglichkeit der Hilfe für die Betroffenen aufgezeigt. Was kann getan werden und vor allem, wie kann den Vätern geholfen werden, sich mit der neuen Situation in ihrem Leben zu Recht zu finden. Bekannt ist, dass die Männer anders mit dem Verlust und dem Schmerz umgehen als die Frauen. Es ist auch bekannt, dass sie ihre Gefühle und die Trauer anders ausdrücken, aber deshalb nicht weniger unter dem Verlust ihres Kindes leiden. Die Väter sprechen weniger über das Geschehene als die Mütter, sie gehen mit ihren Gefühlen nicht so öffentlich und selbstverständlich um. Es gibt mittlerweile in fast jeder deutschen Stadt Vereine und Institutionen, die sich um verwaiste Eltern kümmern. Trauergruppen haben sich gebildet, gegründet von verwaisten Eltern, um anderen betroffenen Eltern zu helfen und sie zu unterstützen. In diesen Gruppen werden Erfahrungen ausgetauscht und über die verstorbenen Kinder, gesprochen. Das Austauschen hilft sehr vielen verwaisten Eltern und lässt sie spüren, dass sie mit ihrer Trauer nicht alleine sind. Es gibt viele verschiedene Arten von Gruppen, die Selbsthilfegruppen, die durch professionelle Hilfe angeleitet werden oder sich selber leiten. Es existieren überwiegend gemischte Trauergruppen. Diese werden von Müttern und Vätern gemeinsam besucht. In diesem Kapitel wird ergründet, was nötig und hilfreich ist, um selber eine Trauergruppe zu gründen. Welcher Prozess in einer Trauergruppe stattfindet, wie er sich vollzieht, bis hin zur Aufgabe der Trauerbegleitung und der Erfahrung, die ein Trauerbegleiter mitbringen muss, wird hier dargestellt. Am Ende dieses Kapitels kommen noch einmal die betroffenen Väter zu Wort. Sie äußern ihre Meinung zu Trauergruppen ausschließlich für Väter und untermauern damit die Aussage, dass reine Männertrauergruppen von Vätern nicht gewollt sind. Das es in Deutschland kaum eine Trauer oder Selbsthilfegruppe nur für Väter gibt, liegt unter anderem wohl daran, dass die Trauer eines Vaters eine andere ist als die der Mutter. „Männer mit einem Verlust finden sich selten in einer Selbsthilfegruppe, um ihre Trauer gemeinsam mit anderen zu bearbeiten, zu durchleben. Es gibt nicht wenige, die diese Arbeit grundsätzlich an die Partnerinnen delegieren oder das „Gequatsche“ abwerten, so dass Frauen sich heimlich dorthin auf den Weg machen müssen.“[125] So wie die beiden Autorinnen die fehlende Motivation und die ablehnende Einstellung vieler Männer zu Selbsthilfegruppen beschreiben, ist leider noch die Regel. Dies ist letztlich auch durch die Sozialisation der Männer und ihr Rollenverständnis bedingt, wodurch sie weniger Möglichkeiten haben ihre Trauerarbeit in ihrem sozialen Umfeld zu leben. Natürlich gibt es immer wieder Ausnahmen und um diese zu unterstützen und noch mehr Männer dazu zu motivieren, sich eine Selbsthilfe oder Trauergruppe einmal anzusehen, der sie sich dann eventuell auch anschließen, soll dieses Kapitel eine Hilfestellung sein. Für all die Väter, die sich bisher noch nicht mit der Frage beschäftigt haben eine Gruppe zu besuchen und für diese, die es bereits getan haben und womöglich eine eigene Gruppe ins Leben rufen möchten, dienen diese Ausführungen hier als Leitfaden und vielleicht auch als Anregung.

4.1 Die Trauer - Selbsthilfegruppe

Eine Selbsthilfegruppe kann als freiwilliger Zusammenschluss von Personen gesehen werden, die sich treffen, um über ein gemeinsames Problem zu reden. Die Menschen organisieren sich selbst in eigener Verantwortung und werden nicht von professionellen Helfern begleitet. Die Teilnahme an einer Selbsthilfegruppe bedarf keines Entgelts, da eine Selbsthilfegruppe sich nicht gründet, um einen finanziellen Gewinn zu erwirtschaften. Eine Gruppe von Personen, die sich trifft, um gemeinsam über ihre Anliegen und Sorgen zu reden, kommt zusammen um ein gemeinsames Ziel zu erreichen, dieses Ziel ist die Veränderung und der Umgang mit ihren derzeitigen Lebensumständen. „Die Ziele von Selbsthilfegruppen richten sich vor allem auf ihre Mitglieder und nicht auf Außenstehende, darin unterscheiden sie sich von anderen Formen des Bürgerengagements.“[126] Die Geschichte der Selbsthilfebewegung lässt sich bis ins 19. Jahrhundert verfolgen, damals ins Leben gerufen durch engagierte Bürger, die durch gemeinsames Handeln eine Verbesse-

[125] Bödiker/ Theobald, 2007, S. 74.

rung ihrer Lebenssituation erreichen wollten. „In der Mitte des 20. Jahrhunderts entstanden so unterschiedliche Selbsthilfegruppen wie die Wohnungsbaugenossenschaften, Zusammenschlüsse von Kriegsgeschädigten oder die „Lebenshilfe“ als Zusammenschluss von Eltern geistig behinderter Kinder.“[127] Da sich im Laufe der Zeit immer mehr Selbsthilfegruppen bildeten, benötigte man einen Fachverband für alle Selbsthilfegruppen, um diese zu unterstützen. Es bildete sich 1975 die Deutsche Arbeitsgemeinschaft Selbsthilfegruppen e.V. (DAG SHG), ein paar Jahre später auch eine nationale Kontakt und Informationsstelle für Selbsthilfegruppen. Ihre Abkürzung lautet „NAKOS“. Bisher zählt man in der ganzen Bundesrepublik Deutschland ca. 70.000 bis 100.000 Selbsthilfegruppen mit den unterschiedlichsten Themenausrichtungen, die Zahl der Mitglieder und Mitwirkenden beläuft sich auf ca. drei Millionen Menschen.[128] Die bestehenden Selbsthilfegruppen bieten nicht nur Unterstützung bei den unterschiedlichsten Krankheitsbildern an, sondern sie helfen auch bei psychischen und sozialen Problemen. Es sind auch verschiedene Trauergruppen entstanden. Johann Christoph Student leitet diese rasante Entwicklung von den großen Defiziten unserer modernen Gesellschaft ab, er sieht die Selbsthilfegruppe als Ersatz für die sozialen Kontakte und die Unterstützung, die Großfamilien und dörfliche Gemeinden früher zu bieten hatten.[129] Das Erfolgsrezept der Selbsthilfegruppen ergibt sich aus dem Nutzen, den ihre Mitglieder aus ihnen ziehen. Den Menschen wird ein „Wir-Gefühl“ vermittelt, sie sind mit ihrem Anliegen nicht alleine und sie stoßen auf Verständnis und Anteilnahme. Die Mitglieder spüren das Eingebundensein in ein soziales Netz und dass andere Menschen ihren Schmerz mittragen. Gemeinsam werden Lösungsmöglichkeiten erarbeitet oder zumindest Anregungen zu möglichen Lösungswegen vermittelt. Eine Selbsthilfegruppe trifft sich meistens regelmäßig, oft sogar wöchentlich. Diese Regelmäßigkeit gibt den Teilnehmern ein Gefühl von Sicherheit und Geborgenheit. Rituale, die dann meistens praktiziert werden, wirken als positiver Verstärker dieser Gefühle

[126] Matzat, 2004, S. 17.
[127] Student, 2004, S. 197.
[128] Vgl. www.nakos.de, Stand: 14.09.08.
[129] Vgl. Student, 2004, S. 198.

und Empfindungen. Die Mitglieder einer Selbsthilfegruppe fühlen, dass sie von anderen Betroffenen verstanden werden und das stärkt sie. Es stärkt ihr Selbstbewusstsein und sie fühlen sich selbstsicherer, wenn sie merken, dass sie auch etwas zu einem Thema beitragen können. Sie ergreifen die Initiative und das wirkt sich positiv aus. „Zu dieser den Selbstwert stärkenden Funktion der Selbsthilfegruppen passt, dass in ihnen Fachleute nur eine untergeordnete Funktion spielen.“[130] Der Begriff „Selbsthilfe“ beinhaltet bereits, dass an eine Beteiligung von Fachleuten nicht zu denken ist. Allerdings kommt es darauf an, wie die Professionellen sich in die Gruppen einbringen. Sind sie in der Rolle der Helfenden und derjenigen, die fördern, dann profitieren die Selbsthilfegruppen von ihnen. Die Selbsthilfegruppen spielen im Bereich der Trauer-, und Sterbebegleitung eine besondere Rolle. Die trauernden Menschen fühlen sich oft allein gelassen und unverstanden in ihrem Schmerz, sie sind nicht selten hilflos und mit dem Verlust eines Menschen überfordert. Man unterstellt ihnen, dass sie im Gegensatz zu anderen Selbsthilfegruppen mit einem anderen Schwerpunkt nicht erfolgreich an sich arbeiten und durch Selbsthilfe keine Heilung erfahren. Ihnen wird vorgeworfen, dass Selbsthilfegruppen von Trauernden nur noch mehr zusätzliche Probleme schaffen. Die Fachleute sind der Meinung, dass ein Aussprechen der Leiden, Ängste und Unsicherheiten der Trauernden nicht ausreicht, sondern dass ein „erfolgreicher“ Trauerprozess eine aktive psychische Handlung beinhalten sollte.[131] Sie sehen die Problematik einer Selbsthilfegruppe in den verschiedenen Trauerreaktionen und Trauerverläufen der Teilnehmer, die scheinbar zu unterschiedlich für eine Gruppe sind und es wird befürchtet, dass diese Unterschiede im Rahmen einer Selbsthilfegruppe nicht aufzufangen sind. „Das Gegenteil beweisen die in Deutschland in diesem Bereich am weitesten verbreiteten Selbsthilfegruppen trauernder Eltern.“[132] Betroffene Eltern finden in diesen Gruppen wieder zu sich selbst, sie begegnen der Aufmerksamkeit und dem Respekt der anderen verwaisten Eltern, die ganz genau wissen, was es bedeutet einen so schweren Schicksalsschlag aushalten zu müssen.

[130] Student, 2004, S. 198.
[131] Vgl. Jerneizig/ Langenmayr/ Schubert, 1991, S. 58.
[132] Student, 2004, S. 199.

Sie erkennen durch die Gruppe eine „Normalität“ ihrer Trauer, sie werden auf dem langen Weg, damit zurechtzukommen, dabei unterstützt, sie tauschen ihre Gedanken und Ängste miteinander aus. So ergeben sich Lösungsmöglichkeiten und Linderungen auf dem schmerzlichen Weg, den verwaiste Eltern auf sich nehmen müssen. Nicht alle Menschen finden den Weg in eine Selbsthilfegruppe und Männer finden bestimmt noch viel schwerer in eine eigens für sie gegründete Trauergruppe. „Selbsthilfe ist kein Allheilmittel“.[133]Jedoch haben Menschen, die eine Selbsthilfegruppe als unterstützende Möglichkeit in Betracht ziehen, eine sehr günstige Prognose für ihren weiteren Lebensweg. Doch es sei davor gewarnt, dass nicht jede ernannte Selbsthilfegruppe auch tatsächlich eine ist. Eine gute Recherche, bevor die Entscheidung getroffen wird, eine Selbsthilfegruppe zu besuchen, ist unerlässlich. Hier helfen die örtlichen Kontaktstellen oder die internationalen Selbsthilfezentren, die im Anhang aufgeführt sind.

4.2 Eine Trauergruppe für Väter

Wird auf eine dauerhafte professionelle Begleitung verzichtet und sollte eine Gründung einer Trauergruppe ausschließlich für trauernde Väter in Erwägung gezogen werden, dann wird diese Gruppe als psychologisch-therapeutisch orientierte Gesprächs-Selbsthilfegruppe eingeordnet. Sollte anfänglich doch ein Experte, wie z.B. ein Sozialpädagoge hinzugezogen werden, beschränken sich seine Aufgaben. „Der Experte hat nur die Selbsthilfe-Initiative zu fördern, was nicht bedeutet, dass er eingreift, steuert, vorschreibt oder gar Aufgaben übernimmt, wie z.B. den Kontakt zu weiteren potentiellen Selbsthilfegruppenmitgliedern.“[134] Diese Gruppe kann ohne festes Programm arbeiten, jedoch mit einer psychotherapeutischen Zielsetzung. Jürgen Matzat hat im Jahre 2003 eine Untersuchung geleitet, die ergab, dass es ca. 5.000 solcher Selbsthilfegruppen in Deutschland gibt.[135] Meistens ist der Rahmen einer solchen Gruppe auf örtlicher Ebene wiederzufinden, ohne an größere Vereine angeschlossen zu sein. Eine Gruppe besteht oft aus nicht mehr als zehn Per-

---

[133] Ebd. S. 199.

[134] Moeller, 1996, S. 204.

[135] Vgl. Matzat, 2004, S. 22.

sonen, die auf die Initiative eines Betroffenen hin zusammenkommen. Ab und zu ist es so, dass eine Unterstützung durch Fachleute stattfindet, die dann versuchen in einem gemeinsamen Gespräch den Problemen auf den Grund zu gehen und Lösungen zu finden. Für diese Aufgabe, eine Moderatorenfunktion, kommen auch Sozialpädagogen in Frage die danach aber nichts mehr in der Gruppe zu suchen haben, da sie meistens nicht selber betroffen sind. Die Väter, die an dieser Gruppe teilnehmen, definieren den Grund ihres Zusammentreffens und das Thema ihrer Gruppenarbeit selber. Hier ist der Grund „Trauernde Väter". „Sie treffen sich ohne Anleitung durch eine Fachkraft zu regelmäßigen Gesprächen, manchmal auch zu gemeinsamen Freizeitaktivitäten. Gearbeitet wird mit denen und für jene, die da sind; die Gruppe ist der zentrale Ort des Geschehens."[136] Wenn andere Betroffene der Gruppe beitreten möchten, ist die Gruppe zunächst offen und bereit neue Teilnehmer aufzunehmen, jedoch mit dem Ziel, die bereits teilnehmenden Mitglieder zu erhalten und die Gruppe ernsthaft zu erweitern. Es besteht sogar die Möglichkeit, dass sie zeitweise ganz in sich geschlossen bleibt. Diese Art nennt man „halb-offene" Gruppen und die zeitweise geschlossene Arbeitsweise dient zur Stabilisierung der Gruppe, da sie eine Arbeitsleistung gewähren soll. Gerade für eine Trauergruppe ist dies eine gute Wahl. Eine Entscheidung der Teilnehmer ist unabdingbar, ob sie nun an dem produktiven Gruppenprozess teilnehmen möchten und Mitglied der Gruppe werden oder nicht. Die Väter, die sich zur Teilnahme an den Gruppengesprächen entscheiden, müssen ein Interesse daran haben, über ihre persönliche Erfahrung zu reden und sich zu öffnen. Die Bereitschaft über ihre Gefühle und Empfindungen zu reden, muss vorhanden sein, was bei diesem emotionalen Thema verständlicher Weise nicht jedem Vater gelingen kann. Die Väter haben in dieser Gruppe die Möglichkeit, Beziehungen zu anderen Vätern aufzubauen und über ihre Schicksalsschläge zu reden. Betroffene Väter können sich besser in die Problematik einfühlen als Außenstehende. So ist die Gefahr ein wenig gedämmt, mit „guten Ratschlägen" herauszuplatzen und den trauernden Vätern damit zu nahe zu treten.

[136] Matzat, 2004, S. 23.

„Dies alles zu tun, und zwar ohne professionelle Anleitung, vielfach mit geringer oder gar keiner Gruppenerfahrung, weitgehend im Vertrauen auf die eigenen Kräfte und auf die der Mitbetroffenen, das verlangt schon ziemlich viel von einem Menschen: nicht nur einen offenen eingestandenen Leidensdruck, sondern auch Mut und Engagement, Experimentierfreude und Bereitschaft, sich auf Neues einzulassen, sowie soziale Kompetenz und die Fähigkeit, sich in eigene und fremde seelische Prozesse einzufühlen."[137]

So fasste es Jürgen Matzat mit wenigen Worten zusammen und trifft damit den Kern einer Selbsthilfegruppe und die Voraussetzungen an ihre Teilnehmer. Diese Voraussetzungen sind im Prinzip die Ressourcen, die trauernde Väter mitbringen müssen und mit denen eine Arbeit in der Selbsthilfegruppe erst Sinn macht. Dies könnte auch der Grund dafür sein, dass es so gut wie keine Trauergruppe für Väter gibt. Es besteht die Möglichkeit, dass Väter oder Männer im Allgemeinen mit diesen Ressourcen nicht umgehen können und deshalb nicht kontinuierlich teilnehmen oder nach einem Besuch die Gruppe nicht mehr aufsuchen. Wer es allerdings schafft, regelmäßig der Gruppe beizuwohnen und mitzuarbeiten, der kann einen Erfolg erkennen, der sich sogar mit einer professionellen Gruppentherapie vergleichen lässt.[138]

4.3 Die Gründung einer Trauergruppe für Väter

Damit eine Trauergruppe für Väter überhaupt existieren kann, müssen einige Dinge bezüglich einer Selbsthilfegruppengründung beachtet werden. Diese werden hier verdeutlicht.

Wenn sich dazu entschlossen wird, eine Selbsthilfegruppe für trauernde Väter zu gründen, ist es wichtig, dass der Name der Gruppe den Grund für die Gruppengründung beinhaltet, so dass die auserwählte Zielgruppe der Väter, die ihre Kinder durch eine Fehl, Früh oder Stillgeburt oder durch den plötzlichen Säuglingstod verloren haben, direkt angesprochen werden. Die Gruppengröße muss mindestens sechs Personen umfassen und ein Raum muss zur Verfügung stehen, in dem man sich wöchentlich treffen kann. Das sind äußere Voraussetzungen, die erst mal kein großes Problem darstellen. An

[137] Ebd. S. 24.

den einfachen äußeren Voraussetzungen gemessen, ist es wirklich jedem möglich, eine Trauergruppe zu gründen, jedoch können große innere Schwierigkeiten auftreten.[139] Die ersten zeigen sich in den Erwartungen der Menschen an diese Gruppe. Diese sind auf die Gruppenselbstbehandlung bezogen und unterscheiden sich bei Betroffenen und Professionellen. Natürlich auch deswegen, weil sie unterschiedliche Rollen im Rahmen der Selbsthilfegruppe spielen. Michael Lukas Moeller hat vier Anfangserwartungen zusammengefasst. Diejenigen davon, die auch auf eine Trauergruppe von Vätern zutreffen könnten, werden hier näher erläutert.

Die Väter möchten sich, wenn sie sich einer Trauergruppe anschließen, ihren Konflikten, also ihrer Trauer stellen. Diese Erwartung verursacht Angst. „Die Angst gesteht man sich selten ein. Meist äußert sie sich indirekt in zahlreichen mehr oder weniger gut begründeten Vorbehalten oder Einwänden gegen Selbsthilfegruppen."[140] Eine weitere Erwartung ist wohl eher eine Einstellung, dass seelische Probleme nur unter „vier Augen" gelöst werden können und nicht in einer Gruppe. Hier herrscht womöglich die Angst vor den fremden Mitgliedern und den unbekannten Schilderungen, die auf einen zukommen, noch vor. Moeller sieht als dritte Anfangserwartung, dass die Personen die Hilfe erwarten, diese immer von jemandem erwarten, der über ihnen steht, eine Person die über größere Fähigkeiten verfügt. „In der Selbsthilfegruppe gibt es zwar oft auch erfahrenere Teilnehmer, im Großen und Ganzen aber handelt es sich doch um eine gleichgestellte Beziehung, die dieses *Verlangen nach einer höheren Person* nicht erfüllt."[141] Die letzte und vierte Erwartung, die genannt wird, äußert sich darin, dass oft angenommen wird, dass man mit persönlichen Problemen alleine fertig werden sollte. Diese Einstellung widerspricht natürlich einer Selbsthilfegruppenbehandlung. Auch wenn diese Einstellung noch weit verbreitet ist und ernst genommen wird, so besagt eine Erkenntnis, „daß eine Gruppe in ihren intellektuellen und emotio-

138 Vgl. Matzat, 2004, S. 24.
139 Vgl. Moeller, 1996, S. 189.
140 Moeller, 1996, S. 191.
141 Ebd. S. 191.

nalen Fähigkeiten den einzelnen in der Regel übertrifft."[142] Letztlich ist es so, dass Menschen, die sich dazu entschließen an einer Selbsthilfegruppe teilzunehmen, auch ähnliche Erfolgserwartungen sehen, nämlich die, dass eine solche Form der Therapie helfen kann.

4.3.1 Die Öffentlichkeitsarbeit

Wird eine Trauergruppe für verwaiste Väter gegründet, gehört es zu den ersten Organisationsschritten, diese Gruppe der Öffentlichkeit vorzustellen, um Mitglieder zu gewinnen und die Bevölkerung über eine solche Gruppe zu informieren. Hier erweist sich eine kleine Anzeige in der Lokalpresse oder eine Anzeige im Veranstaltungskalender der Zeitung als hilfreich. Ratsam ist es auch, Kontakt zu „NAKOS" aufzunehmen, einer Einrichtung der „Deutsche Arbeitsgemeinschaft Selbsthilfegruppen e.V." (DAG SHG). Sie vermittelt Kontaktadressen und Informationen zu 105 bundesweiten Selbsthilfevereinigungen, die sich mit psychosozialen und sozialen Themen befassen. Sehr effektiv sind auch Flugblätter, die an öffentlichen Stellen ausgelegt werden, wie z.B. beim örtlichen Bäcker, in Krankenhäusern, in Büchereien, bei Ärzten, bei der Polizei usw. Ziel der Öffentlichkeitsarbeit ist es, auf die Thematik und Problematik von trauernden Vätern aufmerksam zu machen und die Gruppenaktivitäten bekannt zu geben. Diese beinhalten die Angabe von Ort und Zeit der zukünftigen Treffen. Eine Adresse oder eine Telefonnummer des Ansprechpartners der Gruppe sollte auf dem Flugblatt vermerkt sein. Das ist nach Michael Lukas Moeller die beste Lösung. „Auf diese Weise kommt stets mindestens eine Gruppe von sechs Personen zusammen."[143] Der Diplom-Psychologe Jürgen Matzat weist denjenigen, der seine Nummer angibt, daraufhin, dass er sicher in Anspruch genommen wird. „Belastete Menschen werden sich an sie wenden, vielleicht auch solche, die gar nicht wirklich an einer Selbsthilfegruppe interessiert sind, sondern nur ihre Klagen und Probleme loswerden wollen."[144]

---

142 Ebd. S. 193.
143 Moeller, 1996, S. 203.
144 Matzat, 2004, S. 78.

4.3.2 Die Organisation

Zunächst braucht die Gruppe einen Raum, in dem sie sich regelmäßig und ungestört treffen kann. Es empfiehlt sich ein Raum einer städtischen Einrichtung, einer Kirchengemeinde, eines sozialen Verbandes oder sogar einer Lokalität, die separate Räume zur Verfügung stellt. Es sollte eine finanziell günstige Möglichkeit gefunden werden und von „heimischen" Treffen bei Mitgliedern der Gruppe abgesehen werden, da niemand in die Gastgeberrolle schlüpfen soll und so die Treffen auf neutralem Boden stattfinden können. „Am günstigsten sind wohnliche, neutrale Räume."[145] Es ist von Vorteil, wenn der Raum über längere Zeit nicht gewechselt wird, dass erleichtert es den Teilnehmern in der Gruppe ohne zusätzliche Störungen und Veränderungen „anzukommen", dass kann sonst auch eine irritierende Wirkung haben. Hat sich ein Raum gefunden, trägt es zu einer entspannten Atmosphäre bei, wenn dieser gemütlich eingerichtet wird. Dazu beitragen kann passendes Licht, Kerzen und Dekoration. Getränke sind ein willkommener Pausenfüller, diese kann man an einer Seite des Raumes platzieren. Die Autoren eines Artikels in dem Jahresheft „Verwaiste Eltern" weisen darauf hin, dass kein Alkohol ausgeschenkt werden soll und dass darauf zu achten ist, dass die Gruppensitzung nicht zu einem Kaffeeklatsch wird.[146] Dieser Hinweis ist auch bei Moeller zu finden, der ebenfalls davor warnt, dass Tabak und Bier, Kaffee und Kuchen alles überdecken, was wesentlich ist. Die Konfliktangst, Vorbehalte und die Fremdenfurcht bleiben so außen vor.[147] Informationsmaterial oder auch passende Literatur kann bereit liegen und ausgetauscht werden. Zu klären ist noch, wie lange ein Treffen in der Regel dauern sollte. Hier kann nur auf Erfahrungswerte zurückgegriffen werden. „Bewährt haben sich 2 bis maximal 3 Stunden (inkl. Pause).

Günstig ist z.B. 2 Stunden Gruppengespräch, 1/2 - 1 Std. informeller Teil."[148]
Die Häufigkeit, wie oft sich die Gruppe trifft, sollte sich nach dem Bedürfnis der Gruppenmitglieder richten und erst einmal offen bleiben, jedoch sind feste

---

[145] Moeller, 1996, S. 206.

[146] Vgl. Voss-Eiser, 6/1994, S. 44.

[147] Vgl. Moeller, 1996, S. 211.

Zeiten empfohlen. Die Gruppenstärke wird davon abhängig sein, wie viele Väter sich dazu entscheiden können einer Gruppe beizutreten. Eine gute Gruppengröße ist sechs bis zwölf Teilnehmer. Um abschließend den Kontakt untereinander zu fördern, könnte nach Absprache der Mitglieder eine Adressenliste erstellt werden. Die Liste sollte Name und Adresse der Anwesenden enthalten sowie den Namen des verstorbenen Kindes, dessen Geburtstag und Todestag.[149]

4.3.3 Die Gruppenstruktur

Die Gruppenstruktur ist abhängig von dem Grund, aus dem heraus die Gruppe gegründet wird. In dem Falle einer Trauergruppe für Väter bietet sich eine „halb offene" bzw. eine offene Gruppe mit Schwerpunkt" an. Das bedeutet eine Gruppe nur für Väter, die ein Baby verloren haben. Der Vorteil einer Schwerpunktgruppe ist, dass die Väter schneller zusammenfinden, weil ihr Schicksal Parallelen aufweist. Die Medizinerin Mechthild Voss-Eiser weist in diesem Zusammenhang auch auf eine negative Auswirkung der Schwerpunktgruppe hin. Die Bildung eines Schwerpunktes kann einen negativen Prozess bewirken, den der Isolation. Dieser kann sich so äußern, dass die Gruppenmitglieder eine Haltung insofern einnehmen, dass sie niemand versteht außer den anderen Gruppenmitgliedern.[150] Abzuwarten ist, ob die Gruppe sich dazu entschließt, ständig neue Mitglieder aufzunehmen. Die Problematik bei einer offenen Gruppe (auch bei festgelegtem Schwerpunkt) ist, dass ein vertiefter Gruppenprozess nicht möglich sein wird. Die bereits bestehende Gruppe müsste mit den neu aufgenommenen Vätern immer wieder zum Anfang ihrer Trauer finden. „Die Konfrontation mit neuen Teilnehmern und deren Schicksal kann mit der Zeit sehr anstrengend sein."[151] Die Konsequenz daraus wäre womöglich eine Bitte um Schließung der Gruppe oder um einen Wechsel in eine geschlossene Gruppe, von den Mitgliedern, die schon länger der Gruppe angehören. Dies kann vermieden werden, wenn

148 Ebd. S. 44.
149 Moeller, 1996, S. 44.
150 Vgl. Lösch/ Voss-Eiser, 06/1994, S. 45.
151 Ebd. S. 45.

der Gruppe Zeit gelassen wird, um zu sehen, wie sie angenommen wird und sich entwickelt. Dann besteht immer noch die Möglichkeit, von einer „offenen Gruppe mit Schwerpunkt“ in eine feste Gruppe überzugehen, die dann auch günstigenfalls für einen befristeten Zeitraum geplant wird. Nachrückende Väter könnten dann wieder mit einer „halb offenen“ Gruppe beginnen.

4.3.4 Vorteile und Grenzen einer Trauergruppe

Wie bereits schon aufgeführt wurde, haben die Trauernden in einer angeleiteten Selbsthilfegruppe die Möglichkeit, über ihren Verlust und die damit verbundenen Gefühle zu sprechen. Die Atmosphäre spiegelt die Akzeptanz und das Verständnis für die Situation der Trauernden wider. Die Teilnehmer können ihre Trauer in der Gruppe leben, egal wie intensiv sich das Ausleben gestaltet. Sie erleben ein Gefühl der Zugehörigkeit und nicht des ausgegrenzt seins, das sich mit der Trauer einstellt. Der trauernde Vater kann aus den Erfahrungen und Erlebnissen der anderen Erkenntnis gewinnen und Unterstützung finden. Diese Dinge führen alle zu einem gemeinsamen Ziel, nämlich dass die Gruppe eine aktive Hilfe zur Selbsthilfe geben kann. Bödiker und Theobald haben einige aussagekräftige Punkte zusammengefasst, die dies widerspiegeln.

- Die Gruppe bietet Entlastung durch Gesprächsmöglichkeiten, wenn andere es nicht mehr hören können oder wollen, nicht mehr reden wollen oder nicht mehr leisten können
- In der Gruppe lernen die Mitglieder unterschiedliche Modelle der Trauer und Trauerbewältigung kennen
- Die Gruppe gibt eine Hilfestellung durch Abgrenzungs-möglichkeiten in Bezug auf das Verhalten in der Trauerphase (z.B. Trauerkleidung)
- In der Gruppe wird Anreiz gegeben, etwas Neues auszuprobieren und den Alltag zu gestalten
- Die Gruppe bietet einen geschützten Rahmen, um neue Verhaltensweisen auszuprobieren und zu überprüfen
- Unterstützung und Hilfe bei „Rückfällen“ (Jahrestage etc.)

- In der Gruppe gibt es die Erlaubnis die Trauer zu beenden[152]

Das sind zusammengefasst einige Vorteile einer Trauergruppe. Denen gegenüber stehen natürlich auch erkennbare und in jedem Fall nennbare Grenzen. Eine Arbeit in einer Selbsthilfegruppe ist auch mit Anforderungen an ihre Teilnehmer verknüpft. Eine regelmäßige Teilnahme und die Arbeit an den persönlichen Schwierigkeiten sind erforderlich. Auch hier wird die Zusammenfassung von Bödiker und Theobald noch einmal kurz dargestellt.

- Die Trauernden könnten zu hohe Erwartungen an die Gruppe haben
- Es könnte ihnen an Ausdauer und Durchhaltevermögen fehlen
- Das Auftreten von Konkurrenzgefühlen ist nicht auszuschließen
- Nicht alle Teilnehmer bringen sich gleichermaßen ein
- Die Angst vor weiteren Verlusten kann im Vordergrund stehen, auch der Verlust/ Ende der Gruppe
- Das mögliche dominante Auftreten einiger Teilnehmer
- Eine mangelnde Akzeptanz und Verständnis der Angehörigen gegenüber der Selbsthilfegruppe
- Sprachschwierigkeiten/ Verständnisprobleme[153]

4.4 Die Meinung trauernder Väter

Anhand der geführten Interviews mit trauernden Vätern lässt sich die Frage, ob eine Trauergruppe nur für Väter gewünscht wird beziehungsweise sinnvoll ist, wie folgt beantworten und begründen. Befragt habe ich fünf Väter, die ihre Kinder durch eine Fehlgeburt, stille Geburt, Frühgeburt oder den plötzlichen Säuglingstod verloren haben. Alle Väter haben ihre persönlichen Erfahrungen geschildert und ihre Meinung zu einer Trauergruppe für Väter geäußert. Ergebnis der Untersuchung ist, dass keiner dieser Väter eine Trauergruppe ausschließlich für Väter wünscht. Zumindest nicht als akute Hilfe zur Trauerbewältigung.

Die Aussagen der Väter stimmen darin überein, dass sie die Hilfe einer Trauergruppe für verwaiste Eltern gerne angenommen haben und auch selber gemerkt haben, dass sie in dieser Situation auf Hilfe angewiesen waren.

---

152 Vgl. Bödiker/ Theobald, 2007, S. 129.

Vier von fünf Vätern haben aktiv an einer Trauergruppe teilgenommen und die Ergebnisse lassen sich wie folgt zusammenfassen. Gründe für die Teilnahme sind rückblickend:

- Sie stießen in der Gruppe auf Verständnis.
- Sie konnten neue Freundschaften knüpfen, die auch bis heute bestehen.
- Sie konnten mit Menschen, die ein gleiches Schicksal ereilte, besser reden.
- Sie fühlten Halt und Unterstützung in der Gruppe.
- Sie lernten Rituale kennen, die bei der Trauerbewältigung unterstützend wirkten.
- Sie lernten viele Menschen kennen, die unterschiedliche kulturelle Hintergründe hatten.

Die Information über das Angebot einer Trauergruppe erfolgte bei den Vätern direkt vor Ort. Die Väter wurden über eine Mappe mit wichtigen Adressen von Selbsthilfegruppen informiert, oder wie in einem Fall durch eine selbstbetroffene Krankenschwester. Ergänzend zu der Trauergruppe standen den Vätern überwiegend Freunde zur Verfügung, die eine zusätzliche Stütze waren.

Die Väter haben alle in einem Zeitraum von 1 ½ Jahren eine Trauergruppe für verwaiste Eltern besucht. Eine Trauergruppe zu besuchen, bedeutet auch, mit dem Schicksal anderer Eltern zurechtzukommen. Es kann durchaus eine belastende Wirkung haben, wenn Eltern sich nicht nur mit dem eigenen Schicksal, sondern auch mit dem von anderen Eltern auseinandersetzen müssen. Grundsätzlich empfinden die Väter eine solche Gruppe als sehr gute Hilfe, mit der Situation zurechtzukommen. Eine Teilnahme an einer solchen Gruppe wird von den befragten Vätern empfohlen. Das Angebot, an einer Trauergruppe für verwaiste Eltern teilzunehmen, sollte in jedem Fall jedem betroffenen Vater gemacht werden. Es muss aber auch berücksichtigt werden, dass nicht jeder Mensch ein Gruppenmensch ist und dass nicht für jeden diese Möglichkeit der Hilfe in Frage kommt. Viele Personen passen auch einfach nicht in eine Gruppe. Es gibt Menschen mit Persönlichkeitsstörungen,

---

[153] Vgl. Bödiker/ Theobald, 2007, S. 129.

die nicht in eine Gruppe zu integrieren sind oder auch Menschen, die in der Gruppe andere entwerten oder verletzen.

Gründe dafür, warum die befragten Väter eine Trauergruppe ausschließlich für Väter nicht in Betracht ziehen:

- Da die Väter bereits eine gemischte Gruppe an einem Abend in der Woche mit ihren Frauen besucht haben, würden sie in der akuten Trauerzeit keinen zusätzlichen Abend verplanen, an dem sie ihre Frauen alleine lassen.
- Für die Männer war klar, dass sie Hilfe brauchen, die sie auch gesucht haben. Der Schritt, mit ihrer Frau in die gemischte Gruppe zu gehen, war schon schwierig für sie. Den Schritt, in der akuten Trauer eine Männergruppe zu besuchen, halten sie für noch schwieriger.
- Der Gesprächsbedarf durch die gemischt geschlechtliche Gruppe war ausreichend gedeckt, da auch hier Männer zu Wort kamen. Das Bedürfnis, an einer Gruppe nur für Männer teilzunehmen, kam gar nicht auf.
- Die Väter befürchten, dass eine reine Männergruppe zu schnell vom Thema abweicht, so dass die Bearbeitung der Trauer in den Hintergrund rückt und andere Themen wie z.B. Partnerschaftsprobleme fokussiert werden.
- Eine reine Männergruppe als Dauerinstitution hat sich kein befragter Vater gewünscht.

Für drei von fünf befragten Vätern wäre das Angebot einer Trauergruppe für Männer nur in Form eines „Männerstammtisches", „Wandertags" oder in Form eines „Jahrestreffen" mit den Vätern interessant, die sie auch bereits aus der gemischten Trauergruppe kennen. Dies würde als Alternative nach der akuten Trauerzeit von den Vätern angenommen werden.

Grundsätzlich sind alle befragten Männer der Meinung, dass die Vätertrauer zu wenig berücksichtigt wird. Sie begleitet immer der Tenor, dass sie für die Frau da sein müssen, was sie auch gerne sind, jedoch nimmt niemand ihre eigene Trauer wahr. Freude und Trauer liegen auch oft nah beieinander, so dass sich viele Konflikte in trauernden Partnerschaften schon daraus ergeben, dass unterschiedlich getrauert wird. Ist der Mann gerade dabei, sich wieder seinem Alltag zu widmen, was ihm bei der Trauerbewältigung hilft, sieht die Frau seine Trauer um das Kind nicht als ausreichend an. Die Trauer der Partner verläuft dann oft in „Wellen“, also fast gegensätzlich, so dass es die Beziehung schon belastet, wenn der Partner für die Situation des anderen kein Verständnis aufbringen kann. Ein ausschlaggebendes Kriterium für die Begleitung trauernder Väter, ob direkt nach dem Ereignis oder in den folgenden Gruppen, ist immer die Sympathie desjenigen, der sie begleitet. Es gab auch den Fall, dass ein Vater mit dem zuständigen Seelsorger nicht harmonierte und die diensthabende Krankenschwester die größere Hilfe war. Einig sind sich die Väter, dass ihnen eine instabile Persönlichkeit oder auch ihre eigenen Eltern in der akuten Trauerzeit nicht weiterhelfen konnten, weil sie selber zu sehr von dem Geschehen betroffen waren. Diese Menschen sind in dem Moment keine Stütze. Alle befragten Väter sind sehr offen mit dem Tod ihrer Kinder umgegangen und sind von sich aus auf ihr näheres Umfeld zugegangen. Sie haben Fragen erlaubt und sich selber Grenzen gesetzt, wenn ihnen die Gespräche und Fragen nicht mehr gut taten. Die Väter waren in ihrer Trauer darum bemüht, anderen Menschen die Angst im Umgang mit ihnen zu nehmen. Was einen anders als erwartet, sehr reflektierten und gefühlvollen, sowie bedachten Umgang mit der eigenen Trauer vermuten lässt.

5 Sozialpädagogische Begleitung von Trauergruppen für Väter

Da im Verlauf der Arbeit die Erkenntnisse gestärkt wurden, dass Väter anders, aber nicht weniger um ihre Kinder trauern als die Mütter, wurde versucht, einige Anregungen für die Trauerarbeit in Form einer Trauergruppe für Väter zu geben. Nicht zuletzt wird dieses Kapitel einen Überblick über die mögliche Begleitung dieser Gruppe durch einen Sozialpädagogen wiedergeben, der als Fachmann eine unterstützende Funktion in der Gruppe einnehmen kann, wenn die Trauergruppe z.B. von einem betroffenen Vater gegründet wurde. Seine Voraussetzungen, eine Trauergruppe zu begleiten, sowie seine Aufgaben werden im Folgenden beschrieben. Es werden auch die vielseitigen und umfangreichen Anforderungen an einen Sozialpädagogen, der in diesem Arbeitsfeld tätig ist, verdeutlicht.

5.1 Begleitung und Therapie eine begriffliche Abgrenzung

Es wird nun kurz der gewichtige Unterschied zwischen einer therapeutischen und einer nicht therapeutischen Begleitung erklärt. Ebenso wird erläutert, wann eine Begleitung nicht mehr ausreicht und eine Therapie notwendig wird. Mit einbezogen werden das sozialpädagogische Handlungsfeld und die Relevanz für die Begleitung von trauernden Vätern. Wird von Hilfeleistungen durch professionelle Helfer gesprochen, ist oft die Arbeit von Sozialpädagogen, Psychologen und/ oder Theologen gemeint, die so als Therapie bezeichnet wird. Eine Differenzierung dessen ist notwendig, um begrifflichen und inhaltlichen Missverständnissen vorzubeugen. Ein psychologisches Wörterbuch enthält eine Definition von Therapie, die besagt, dass die Therapie die „Bezeichnung für Interventionen zur Behandlung von somatischen bzw. psychischen und psychosomatischen Störungen, ihrer Ursachen und Symptome mit dem Ziel der Wiederherstellung von Gesundheit und Wohlergehen."[154] ist. Therapie setzt also erst dann ein, wenn eine psychische, somatische oder psychosomatische Krankheit vorliegt. Wie im ersten Kapitel bereits

---

[154] Fröhlich, 1997, S. 408.

deutlich wurde, ist Trauer keine Krankheit. Hier antwortet lediglich die Seele auf den schmerzlichen Verlust einer nahestehenden Person.
Trauert der Vater um sein Kind, ist es wichtig, dass er seine Trauer ausleben kann, damit möglichen psychischen Störungen erst gar keine Chance gegeben wird, sich zu manifestieren. Eine Trauertherapie ist nur erforderlich, wenn das Fließen der Trauer durch verschiedene Determinanten ver- und behindert wird. Die Folge pathologischer Trauer kann z.B. eine Depression sein. Auch Männer können ihre Trauer nicht immer alleine bewältigen. Wenn die Partnerin in ihrer eigenen Trauer fest steckt und mit ihr zu kämpfen hat, fehlt dem Mann oft jemand, mit dem er über seine eigene Trauer sprechen kann. Die Gefahr besteht, dass der Vater seine Trauer, Ängste und eventuelle Schuldgefühle nicht ausreichend verarbeiten kann. An dieser Stelle sollte sozialpädagogisches Handeln in Form einer Trauerbegleitung als präventive Maßnahme einsetzen. Unter Prävention sind „Maßnahmen zur Vorbeugung und Verhinderung des Auftretens und/ oder der Verbreitung unerwünschter psychischer oder physischer Zustände oder Störungen“[155] zu verstehen. Der Sozialpädagoge kann sich mit den Vätern in einer Trauergruppe auch gemeinsam mit ihnen auf den Weg der Trauer machen. Er kann ihnen in dieser schweren Zeit liebevoll und verständnisvoll zur Seite stehen. Der Sozialpädagoge sollte das Ausleben der väterlichen Trauer zu lassen, fördern und begleiten. Durch dieses präventive Arbeiten kann eine Erkrankung als Folge der pathologischen Trauer vermieden werden. Der begleitende Sozialpädagoge gibt dem Vater so eine Möglichkeit, seinen Schmerz, seine Ängste, Schuldgefühle und Zweifel auszuleben, um schlimmeren Erkrankungen entgegenzuwirken. Denn „Ziel sozialpädagogischen Handelns ist ganz allgemein Hilfe und Unterstützung bei der Lebens- und Alltagsbewältigung von Individuen, Gruppen und Gemeinwesen.“[156] Da nicht gelebtes Leid das Leben beeinträchtigen kann, ist es wichtig, trauernde Väter zu begleiten, um sie in ihrer Lebens- und Alltagsbewältigung kurz- und auch langfristig zu stärken. Es ist immer ein Erfolg, wenn die angekündigten Folgen unverarbeiteter Trauer im

[155] Ebd. S. 318.
[156] Galuske, 2007, S. 36.

Vorfeld durch eine adäquate Begleitung vermieden werden können. Erwähnt sei, dass nicht nur Sozialpädagogen für die Trauerarbeit geeignet sind. Mechthild Voss-Eiser meint, dass „aus welchen Berufen wir auch immer kommen mögen, wir alle könnten »Tröster«, geborene Trauerbegleiter, einfühlsame Berater sein, zumal Menschlichkeit, Anteilnahme, Sympathie (im Sinne der griechischen Bedeutung des sym-patheia, des Mit-leidens) sich nicht »professionalisieren« lassen.“ [157]

5.2 Die begleitete Gruppe

Eine „echte“ Selbsthilfegruppe, bei der es weder einen offiziellen noch einen inoffiziellen Leiter gibt, gibt es in der Praxis so gut wie gar nicht. Das könnte damit zusammenhängen, dass wir in unserer Gesellschaft an autoritative zwischenmenschliche Beziehungen gewöhnt sind wie z.B. in der Politik und im Erziehungswesen. „Sicherlich überschätzen wir die Bedeutung der Steuerung durch einen Führer.“[158] Eine Person übernimmt immer ein wenig mehr Verantwortung als die anderen Teilnehmer. „Wichtig ist nicht, ob es einen Begleiter gibt, sondern in welcher Form begleitet wird, deshalb sprechen wir vom Begleiter, nicht vom Leiter!“[159] Es wird vermieden, dass einer professionell ausgebildeten Person eine beherrschende, leitende Funktion in diesem Selbsthilfeprozess zukommt. Eine Trauergruppe ist keine „Spiel- und Ausprobiergruppe“ für Professionelle, die Gruppe kann den Trauernden lediglich helfen, ihre eigene Kompetenz zu entdecken.

Wenn Eltern und besonders Väter um ihre Kinder trauern, dann spielt oft viel Verzweiflung mit, sie fühlen sich alleingelassen. Mit der Einsamkeit kommt die gesellschaftliche Isolation. Das Umfeld meidet die trauernden Väter, weil es nicht weiß, wie es mit den Betroffenen umgehen soll und welche Worte, die richtigen sind. Außenstehende können mit der Situation, dass jemand sein Kind verloren hat, in den seltensten Fällen umgehen. Das verstärkt bei den betroffenen Vätern das Gefühl des Alleinseins, und es können sich Ängste steigern. Ein Psychotherapeut kann hier helfen und durch Gespräche die

[157] Voss- Eiser, in: Im Himmel welken keine Blumen, 1992, S. 164.

[158] Moeller, 1996, S. 233.

[159] Lösch/ Voss-Eiser, in: Verwaiste Eltern, 6/1994, S. 46.

Angst mindern und vielleicht auch steuern. Doch gegen das Gefühl, das der Vater bezüglich der vorhandenen Isolation hat, kann er wenig tun. Hier hilft aber eine Selbsthilfegruppe, die auch von einem Sozialpädagogen begleitet werden kann. Wobei auf die Gefahr hinzuweisen ist, dass Gruppen, die anstelle von professionellen Helfern von engagierten Betroffenen geleitet werden, mögliche Gefühlsausbrüche nicht auffangen können. „Das belastet manche Betroffenen so sehr, dass sich die ‚therapeutische Wirkung' der Selbsthilfegruppe nicht entfalten kann."[160] An dieser Stelle empfehlen sich kleine, begleitete Gruppen, damit auf die individuellen Probleme der trauernden Teilnehmer eingegangen werden kann und es somit zu ausgleichenden Gesprächen unter den Teilnehmern kommen kann.

„Offensichtlich ermöglicht die Solidarität einen offeneren Austausch als die abhängigen Beziehungen in der professionellen Therapie. Wenn man will, kann man diese Erleichterung des offenen Gespräches zu einer Dimension oder zu einem Element des therapeutischen Konzeptes erklären."[161]

Hätte die Selbsthilfegruppe ein vorgeschriebenes Konzept, würde sich eine solche Atmosphäre wohl kaum verbreiten. Das offene Gespräch kann als Basis des Konzeptes beschrieben werden, aus dem nach und nach eine genaue Vorstellung des Konzeptes wird. Fachleute betonten mehrfach, dass man besser von einem „Programm der Programmlosigkeit" spricht.[162]

5.3 Die klientenzentrierte Grundhaltung

Der Begriff der klientenzentrierten Grundhaltung ist aus dem Beratungs- und Therapiemodell nach dem Psychoanalytiker Carl R. Rogers entstanden. Ein klientenzentrierter Umgang mit trauernden Vätern kann eine bestimmte Atmosphäre zwischen dem Begleiter und dem Trauernden schaffen. Diese Atmosphäre ist geprägt von Vertrauen, von dem Zulassen und dem Zeigen intimster Gefühle sowie der Freiheit, seine Gedanken ohne Bedenken äußern zu können. Diese ungezwungene Atmosphäre ist für eine Trauerbegleitung sehr wichtig. „Rogers akzentuiert in seinem Ansatz in besonderer Weise die

[160] Schütz, in: Verwaiste Eltern, 6/1994, S. 41.

[161] Moeller, 1996, S. 223.

[162] Vgl. Moeller, 1996, S. 224.

Selbstheilungskräfte des Individuums, seine Fähigkeit, mit zeitweiligen Störungen von Wahrnehmung und Anpassung bei gezielter Unterstützung selbst fertig zu werden.“[163] Dies ist auch ein Ziel der Trauergruppe, dass die trauernden Väter ihre Selbstheilungskräfte entdecken und von dem Trauerbegleiter darin unterstützt werden. Die Eigenverantwortung wird den trauernden Vätern aber nicht abgenommen. Deshalb ist es sinnvoll, den trauernden Vätern eine positive Wertschätzung und emotionale Wärme, Echtheit und einfühlendes Verstehen entgegenzubringen. Diese Prinzipien stehen im Zentrum des klientenzentrierten Beratungsansatzes.[164] Das Verhalten des Trauerbegleiters gibt Sicherheit und den Vätern die Möglichkeit, sich auf die Gruppe einzulassen. Der Sozialpädagoge stellt seine Person und seine Erfahrungen zurück, um sich ganz auf die trauernden Väter einzulassen und um sich besser in sie hineinversetzen zu können, er kann so leichter emphatisch sein. Im Endeffekt sind Empathie, Kongruenz, Wertschätzung und Authenzität die Türöffner des Sozialpädagogen, um sich den unsicheren und vielleicht auch verschlossenen Vätern zu nähern, um dann mit ihnen arbeiten zu können. Ein wichtiger Bestandteil einer professionellen Trauerbegleitung liegt für die Betroffenen darin, dass der Trauerbegleiter präsent ist und ihnen zuhört. Die klientenzentrierte Theorie, ist demnach als Grundlage der Trauerbegleitung zu verstehen.

5.4 Der Begleiter und seine Aufgaben

Möchte ein betroffener Vater eine Trauergruppe gründen, so muss er überprüfen, ob er sich der Rolle des Gruppenbegleiters gewachsen fühlt. Die Diplom-Psychologin Frau Lösch und die Medizinerin Frau Voss-Eiser weisen darauf hin, dass Gruppenbegleiten immer ein Zurücknehmen der eigenen Gefühle bedeutet. Daher sollte nach dem Tod des eigenen Kindes bereits eine Zeit verstrichen sein und der Vater sollte selber an einer Trauergruppe teilgenommen haben. Wenn der Vater sich noch nicht bereit fühlt, diese Aufgabe zu übernehmen, gibt es weitere Möglichkeiten, die in Betracht gezogen werden können. Es kann ein Sozialpädagoge als Begleiter gesucht werden,

[163] Galuske, 2007, S. 176.

ein einfühlsamer Helfer oder jemand mit Trauererfahrung, der die Aufgabe der Gruppenleitung übernimmt, oder mit dem Vater teilt. Oder, wie die Autorinnen ergänzen, ein Gruppenbegleitungsteam nach amerikanischem Vorbild gebildet werden, nach dem die Aufgaben für zwei Monate immer neu verteilt werden.[165] Daraus ergibt sich wiederum die Möglichkeit, dass immer neue Väter mit einbezogen werden. Aufgaben, wie die herzliche Begrüßung der neuen Gruppenteilnehmer, Organisieren des Raumes und der Getränke sowie die Gesprächsrunde eröffnen und schließen, werden im gleichbleibenden Rhythmus von jemand anderem übernommen. Es gibt keine Vorschrift, dass der Gruppenbegleiter ein professionell Ausgebildeter sein muss. Aus eigener Erfahrung lässt sich sagen, dass der Trauernde immer selber die höchste Kompetenz besitzt mit der Trauer fertig zu werden. Diese Kompetenz kommt in einer Selbsthilfegruppe noch mehr zum Vorschein. Natürlich spricht nichts dagegen, wenn eine professionelle Unterstützung zur Verfügung steht, bis die Gruppe über eventuelle Anfangsschwierigkeiten hinaus ist. Hierzu eignet sich ein Sozialpädagoge mit einer systemischen sowie lösungs- und ressourcenorientierten Arbeitsweise. Der begleitende Sozialpädagoge bemüht sich um einen respektvollen Umgang mit seinen Klienten, arbeitet vertrauensbildend und diskret. Ein Ziel des Sozialpädagogen ist, die Grundstabilität bei Problemlagen wieder herzustellen, sowie ein positives Lern- und Arbeitsverhalten der Teilnehmer zu erreichen.

Der Begleiter sollte nach den Vorstellungen der Frau Lösch und der Frau Voss-Eiser, die einen Artikel zu dem Thema in einem Heft der „Verwaiste Eltern“ verfasst haben, über bestimmte Eigenschaften verfügen. So sollte er Einsatzbereitschaft, Ausdauer, ein gewisses Maß an psychischer Stabilität, die Fähigkeit zuzuhören, mit Menschen zu reden, Empathie sowie die Bereitschaft mitbringen, sich erschüttern zu lassen und auch die eigene Hilflosigkeit zu ertragen.[166] Vorteilhaft ist, wenn der Begleiter selber den Verlust eines Kindes miterleben musste und er vielleicht Erfahrung auf dem Gebiet der Gesprächsführung hat. Zu empfehlen ist es, dass der Gruppenbegleiter sich sel-

---

164 Vgl. ebd., S. 180.

165 Vgl. Lösch/ Voss-Eiser, in: Verwaiste Eltern, 6/1994, S. 46.

166 Vgl. Lösch/ Voss-Eiser, in: Verwaiste Eltern, 6/1994, S. 46.

ber mit seiner Trauer auseinandergesetzt und z.B. bei entsprechenden Trauerseminaren oder zumindest an Gruppenabenden einer bereits bestehenden Trauergruppe teilgenommen hat. Es ist ein ungünstiger Start, wenn der Begleiter genaue Vorstellungen davon hat, wie Menschen trauern sollen und dieses anderen vermitteln will. Ebenso sollte davon abgesehen werden, als Therapeut zu fungieren und „therapieren" zu wollen. „Trauernde brauchen nicht Therapie, sondern Beistand und Trost und das Gefühl, nicht allein zu sein mit ihrem Verlust."[167] Der Sozialpädagoge, der eine Trauergruppe leiten möchte, muss nicht nur die oben genannten Voraussetzungen dafür mitbringen, sondern er muss sich auch bewusst sein, welche Aufgaben ihn erwarten. Von diesen Aufgaben werden im Folgenden die wichtigsten genannt.

Ein Begleiter beginnt und beendet die Gruppensitzung, ist emphatisch und hört mit Verständnis den Trauernden zu. Eine Aufgabe des Sozialpädagogen ist, Informationen an die Gruppe weiterzugeben, wie z.B. Veranstaltungshinweise oder Buchtipps. Handelt es sich um eine größere Gruppe, gibt er der Gruppe eine Struktur vor und achtet darauf, dass Gesprächsregeln eingehalten werden und jeder Teilnehmer zu Wort kommt. Die Aufgabe des Begleiters ist, themenzentriert zu arbeiten und darauf zu achten, dass die Gespräche nicht aus dem Runder laufen und das Thema eingehalten wird. Ebenso sollte er Themen aufgreifen, die für die Gruppe oder auch den Einzelnen wichtig sind, um sie je nach Bedarf zu besprechen. Der begleitende Sozialpädagoge der Trauergruppe ist für die Einhaltung der Regeln zuständig. Dabei ist egal, ob es sich um offizielle oder inoffizielle Regeln handelt. „Durch Grundregeln wird eine Struktur definiert, welche den Teilnehmern hilft, ein Gefühl von Sicherheit zu entwickeln."[168] Bei den Grundregeln kann es sich darum handeln, dass jeder Teilnehmer die gleiche Zeit zur Verfügung hat, um von seiner persönlichen Erfahrung zu berichten. Diese Art von Grundregeln ermöglichen es dem Gruppenbegleiter behutsam einzugreifen, wenn die Sprechzeit unangemessen lang wird. Er fungiert für die Gruppe als Vorbild, dazu gehört „keine Beurteilungen/Vorwürfe/Ermahnungen aneinander- kein Vergleichen- Zu-

[167] Ebd. S. 46.

[168] Worden, 1999, S. 161.

hören, Ausreden lassen- Toleranz- Verschwiegenheit nach außen- Gefühle und Tränen(!) sind erlaubt.“[169] Seine schwerste Aufgabe ist wohl, die Grenze zu sehen zwischen dem „normalen“ Verlauf der Trauer und dem „pathologischen“ Verlauf. Er sollte erkennen können, wann ein Teilnehmer die Grenze überschreitet und einer anderen Hilfe bedarf. Merkmale wie eine übertriebene Arbeitswut, Verdrängung, apathisches Verhalten oder bereits längerer Alkohol- und Drogenmissbrauch sind Anzeichen, auf die der Gruppenbegleiter zu achten hat. „Der Begleiter hat hier die (oft schwierige) Aufgabe, sehr einfühlsam auf die Problematik einzugehen und seelsorgerische, psychotherapeutische und/ oder ärztliche Hilfe zu vermitteln.“[170]

5.5 Anforderungen an den Sozialpädagogen

Es muss dem Sozialpädagogen, der mit Trauergruppen arbeitet, bewusst sein, dass Trauernde nur begleitet werden können und er ihnen die Verantwortung für ihren eigenen Trauerprozess nicht abnehmen kann und auch nicht darf. Es muss ins Bewusstsein gerufen werden, dass Trauerarbeit Schwerstarbeit ist und dass die Trauer individuell ist, eingebettet in einem systemischen Kontext. Bödiker und Theobald weisen darauf hin, dass die Trauer nicht abgekürzt werden kann, sondern dass Umwege der Trauer eher Regel als Ausnahme sind.[171] Angesichts dessen fällt es nicht schwer zu sehen, dass Kompetenzen benötigt werden, die in sozialen Berufen zum geforderten Handwerkszeug zählen. Die Rede ist von der Fachkompetenz, der sozialen Kompetenz, der personalen Kompetenz und der wohl beliebtesten und am schwierigsten zu erfüllenden aller Kompetenzen in diesem Arbeitsfeld: die Zeit.

Um trauernde Väter und allgemein trauernde Menschen zu begleiten ist, die fachliche Kompetenz des Sozialpädagogen unabdingbar. Er ist sich bewusst, dass die Trauer keine Krankheit ist und kann dies den trauernden Menschen vermitteln. Ihm ist ein sich Hineinversetzen in die trauernde Person möglich und er ist sich des individuellen Trauerns bewusst. Als Sozialpädagoge ist er

169 Lösch/ Voss-Eiser, in: Verwaiste Eltern, 6/1994, S. 47.
170 Ebd. S. 47.
171 Vgl. Bödiker/ Theobald, 2007, S. 101.

sich der unterschiedlichsten Bewältigungsstrategien seiner Klienten bewusst und kennt auch seine eigenen. Des Weiteren ist er derjenige der Informationen weitergibt. Die Väter werden darüber informiert, was in dieser schweren Zeit auf sie zukommen kann. Methoden wie Beratungs- und Gesprächstechniken, sowie Fachwissen über den sozialpsychologischen Bereich, Gruppenprozesse und Methoden der Gruppenarbeit sind Voraussetzung, um trauernde Menschen begleiten und stützen zu können. Darüber hinaus muss der Vertreter der Sozialen Arbeit über ein funktionierendes Netzwerk verfügen, um den Trauernden an andere notwendige Professionen oder Einrichtungen zu vermitteln. Dazu zählen z.B. Bestattungsinstitute, Selbsthilfegruppen, Informationsveranstaltungen, Vereine, Arbeitskreise, Ärzte und Therapeuten mit der unterschiedlichsten Fachrichtung.

Sieht man sich die Voraussetzungen im Bereich der sozialen Kompetenz an, haben Bödiker und Theobald festgestellt, dass das größte Hindernis die Beziehungsangst ist.[172] Trauerbegleiter, die nicht davor zurücktreten, mit den Trauernden in die Konfrontation zu gehen, unangemessene Verhaltensweisen zu thematisieren und sogar Unstimmigkeiten oder fehlende Harmonie in der Gruppe zu nutzen, um den Prozess zu wenden, ohne dabei einzelne Mitglieder zu bevormunden, werden gebraucht. Die Trauerbegleiter, die diese sozialen Kompetenzen mitbringen, sind wesentlich seltener anzutreffen als die, die wichtige Eigenschaften wie Hilfsbereitschaft, Sensibilität und Einfühlungsvermögen mitbringen. Diese Eigenschaften sind auch unerlässlich, jedoch seltener in der Kombination zu den erstgenannten anzutreffen. Es wird vorausgesetzt, dass auch der Unterschied zwischen Mitgefühl und Mitleid bekannt ist. „Mitleid ist nicht hilfreich sondern produziert Leidensvermehrung im System des Leidens. Die Forderung an die Begleitung heißt: begleiten und berühren (lassen), aber das Schicksal bei den Betroffenen belassen."[173] Die klassischen und auch zum Teil die bei der klientenzentrierten Gesprächsführung angewandten Variablen wie Empathie, Kongruenz, Akzeptanz, aktives Bemühen, Verbalisierungstechniken, Konkretheit und eben Konfrontation sind

---

172 Vgl. Bödiker/ Theobald, 2007, S. 102.

173 Ebd. S. 102.

die Basis für den Umgang mit Trauernden. Der Sozialpädagoge ist durch das Beherrschen dieser Variablen in der Lage, Fehler erst gar nicht zu begehen, wie das falsche Bewerten und Interpretieren der Trauersituation oder das Austeilen von Ratschlägen. Diese Einstellungen verhindern auch eine Abhängigkeit der Trauernden von der Gruppenbegleitung. „Denn die Trauerbegleitung ist eine Kurzzeitbegleitung und Trauernde sind grundsätzlich nicht therapiebedürftig.“[174] Das Methodeninventar, über das der Begleiter verfügen sollte, dient dazu, dass die Trauernden sich mit ihrer Trauer beschäftigen, sich öffnen, eine Hilfestellung wird geben um die Trauer zu verstehen, um sie irgendwann akzeptieren zu können. Aufgabe des Sozialpädagogen ist, den Trauernden eine Struktur zu geben und ihnen Techniken zu zeigen, wie sie in ihren eigenen Trauerprozess einsteigen können. Aus eigener Erfahrung ist noch zu erwähnen, dass diejenigen, die die Fähigkeit besitzen, Gruppenprozesse zu analysieren und zu steuern, eine Bereicherung für dieses Aufgabenfeld der Sozialen Arbeit sind.
Nicht zuletzt richtet sich der Blick auf die personale Kompetenz eines Sozialpädagogen, der in einem anspruchsvollen Arbeitsfeld wie das der Trauerbegleitung tätig sein möchte. Unerlässlich und wahrscheinlich noch dringender als in jedem anderen Arbeitsfeld der Sozialen Arbeit muss ein Gefühl zu Nähe und Distanz erbracht werden. Ein selbstbewusster Trauerbegleiter ist in der Lage, sich von der Gruppe zu distanzieren, wenn es notwendig ist und er kann mit seiner persönlichen Betroffenheit umgehen. Dann nimmt er auch nicht alle Trauererfahrungen, die in der Gruppe ausgetauscht werden, mit nach Hause, so dass er um seine Psychohygiene nicht besorgt sein muss. Ihn quälen keine schlaflosen Nächte, Depressionszustände oder Schuldgefühle den Trauernden gegenüber. Der Trauerbegleiter vertraut auf die Selbstheilungskräfte seiner Gruppenmitglieder und verfügt über die Geduld, der meist sehr langsamen Gruppenentwicklung optimistisch und vertrauensvoll entgegenzutreten. Die Distanz, die der Sozialpädagoge aufbauen kann, lässt zu, dass er seinen Blick auf jedes einzelne Gruppenmitglied richtet und sich so Zeit für jeden einzelnen Trauernden und dessen individuelle Trauer nimmt,

---

[174] Ebd. S. 102.

ohne den Teilnehmern ein Ideal der Trauerarbeit vorzugeben. „Die nötige Distanz akzeptiert positive und negative Gefühle und Reaktionen, lässt Tränen aushalten, ohne Zwang zu verspüren, trösten zu müssen, negative Zuschreibungen (Mordgedanken) und/ oder gewalttätige Trauminhalte ertragen."[175] Die Distanz ermöglicht es dem Trauerbegleiter auch mal Schweigen auszuhalten, ohne aus Verlegenheit in Banalitäten abzurutschen und gängige und laienhafte Tröstungsversuche anzubringen. Die Dinge auszusprechen und beim Namen zu nennen, "hilft auch, den Abschied/ Tod zu verlassen, wie eine Trauerbegleiterin nach einer bewegten Gruppenarbeit demonstrierte, als sie beim Umräumen der Stühle sagte: „Nach den vielen Tränen brauch ich jetzt ein Bier, wer kommt mit?"[176] Das zeigt deutlich, dass der Sozialpädagoge in der Lage sein muss, seine eigenen Grenzen zu erkennen und diese auch als solche wahrzunehmen. Bei aller Offenheit für die Trauer anderer und der Motivation zu helfen, darf der Begleiter sich selber nicht vergessen und muss seine Grenze akzeptieren und auch äußern, wenn er sie erreicht hat. Ein weiterer Vorteil, ein Gefühl für die Nähe und die Distanz zu haben, hilft, sich Übertragungen bewusst zu machen. Dass der begleitende Sozialpädagoge sich mit seinen eigenen Verlusterfahrungen auseinandergesetzt haben muss, ist eine unumgehbare Voraussetzung. Die Trauergruppe ist nicht dazu da, dass andere Mitglieder die eigene Trauerarbeit leisten. Wer eine Trauergruppe begleitet, sollte aus eigener Erfahrung wissen, dass die Trauer in den unterschiedlichsten Arten gelebt wird. Der Sozialpädagoge, der eine Trauergruppe begleitet, ist sich der Stärke der trauernden Mitglieder bewusst und vermeidet selber in irgendeiner Art und Weise manipuliert zu werden, was leicht geschehen kann, wenn der Begleiter sich mit Gesprächsführungstechniken nicht auskennt. Er muss vermeiden, Versprechungen zu machen, die er nicht einlösen kann und niemals versuchen, Trauer herunterzuspielen. Jeder Trauernde muss ernst und respektvoll behandelt werden, auch wenn die eigene Einschätzung eine andere ist.

175 Bödiker/ Theobald, 2007, S. 103.

176 Bödiker/ Theobald, 2007, S. 103.

Ist der begleitende Sozialpädagoge in der Lage, Distanz aufzubauen und diese in seine Arbeit integriert, gehört das Gegenteil, nämlich Nähe zuzulassen, ebenfalls zu seiner Aufgabe. Nähe sollte ertragen werden können und es muss möglich sein, einen Trauernden auch mal tröstend in den Arm zu nehmen. Ein Gespür dafür, wann eine Umarmung einer in den meisten Fällen fremden Person angebracht ist und wann nicht, muss vorhanden sein. Ein gewisses Feingefühl des Begleiters in solchen Situationen kann womöglich gar nicht erlernt werden, sondern ist bereits vorhanden, oder er ist durch eigene Erfahrungen sensibilisiert. Zur weiteren personalen Kompetenz gehört die Psychohygiene des Begleiters. Dabei sollte beachtet werden, dass sich der Begleiter mit den eigenen Trauererfahrungen auseinandersetzt und natürlich auch mit dem eigenen Tod. Eine eigene Meinung und Einstellung zum Tod bzw. der eigenen Sterblichkeit sollte vorhanden sein. Bödiker und Theobald empfehlen für den Begleiter eine Teilnahme an einer Supervisionsgruppe. „Um nicht abzustumpfen, blind zu werden braucht es Austausch und persönliche Rechenschaft (z.B. mit Hilfe eines Tagebuches).“[177] Um die Fort- und Weiterbildung des sozialpädagogischen Trauerbegleiters sollte gesorgt werden, ebenso wie um das regelmäßige Auffrischen des eigenen Wissens in Form eines Literaturstudiums. Es dient dazu Neues zu erfahren „und dann auszuprobieren, ebenso wie die Auseinandersetzung mit Spezialproblemen, wie geschlechtspezifische Trauer, Trauer von Eltern um ein totgeborenes Kind.“[178] An den Ausgleich zur Arbeit sollte der Begleiter auch denken, sei es eine Sportart, für die er sich begeistern kann, oder eine Aufgabe in einem anderen Lebensbereich. Ein Kontrast zur alltäglichen Arbeit sollte jedenfalls geschaffen werden.

Die, wie bereits erwähnt, schwierigste Kompetenz, ist die Zeit. Die Zeit ist in der Trauerbegleitung ein Luxusgut. Deshalb muss es speziell ausgebildete Trauerbegleiter geben, die hauptberuflich nur für die Trauernden da sind. Der Trauerbegleiter kann dies nicht zwischen „Tür und Angel“ leisten oder seine beruflichen Tätigkeiten aufteilen. Oft passiert dies dem Sozialpädagogen, der

---

177 Bödiker/ Theobald, 2007, S. 104.

178 Ebd. S. 105.

generalistisch ausgebildet wird. Wie ich selber erfahren habe, ist dies im Bereich der Trauerbegleitung nicht möglich, wenn man eine gute Trauerarbeit leisten möchte. Dies ist die eine Seite der Zeit, die andere ist die der Trauerzeit. Der Begleiter muss sich darüber bewusst sein, dass er den Trauernden viel Zeit einräumt, um mit dem Geschehenen fertig zu werden. „Die kürzeste Zeit hat Lindemann mit sechs Wochen angenommen; das war vor ca. 60 Jahren und ist heute nicht mehr aktuell.“[179] Heute geht man von fünf bis sechs Jahren Trauerzeit aus, bis eine Integration in das Umfeld ohne die verstorbene Person geglückt ist.[180]
Neben diesen bereits genannten Kompetenzen, die einen groben Überblick über die Voraussetzungen eines Sozialpädagogen in der Funktion eines Trauerbegleiters geben, können nachfolgend spezifische Kenntnisse noch deutlicher gemacht werden. Aus eigener Erfahrung, aus dieser Arbeit im Bezug auf die Vätertrauer und die Begleitung trauernder Väter in einer Trauergruppe können folgende Voraussetzungen abgeleitet werden. Der Sozialpädagoge sollte über folgende Kenntnisse verfügen:

- Basiskenntnisse auf dem Feld der Psychologie und der Psychopathologie, die erforderlich sind, um die Folgen oder Anzeichen von pathologischer Trauer zu erkennen.
- Basiskenntnisse im Bereich der Systemtheorie, um den Vater als Teil des Trauersystems sehen zu können.
- Kenntnisse über verschiedene Trauerreaktionen und Trauertheorien.
- Kenntnisse über die Trauer von Männern, um den Prozess ihres Trauerns besser zu verstehen.
- Kenntnisse über die männliche Sozialisation, damit Hintergrundwissen hergestellt ist.
- Basiskenntnisse in der psychosozialen Diagnose, um den Vater verstehen und seine Situation in der Familie einschätzen zu können.

[179] Bödiker/ Theobald, 2007, S. 105.
[180] Vgl. ebd., S. 105.

- Basiskenntnisse in der Gesprächsführung, besonders nach Carl Rogers (Klientenzentrierte Gesprächsführung), die hier postulierten Grundhaltungen, wie Empathie, Kongruenz und Akzeptanz sollen helfen, eine vertrauensvolle Basis zwischen trauerndem Vater und dem Begleiter zu schaffen.
- Basiskenntnisse in der Methode der Sozialen Gruppenarbeit und der Gruppenpädagogik, da es vielversprechend ist, die Begleitung von trauernden Vätern in einer Gruppe durchzuführen.
- Basiskenntnisse der Medienpädagogik oder der Kulturpädagogik, um auf zahlreiche alternative Methoden und Techniken zurückgreifen zu können, die bei der Verarbeitung des Verlustes helfen können, wenn Worte nicht mehr weiterhelfen.
- Selbstreflexion und Selbsterfahrung zu dem Thema, Auseinandersetzung mit der Trauer und dem Tod, um trauernden Vätern aufrichtig begegnen zu können und eine Sinn bringende Begleitung zu erreichen.

Diese Basiskenntnisse sind grundlegend für die sozialpädagogische Trauerbegleitung. Eine Zusatzqualifikation als Trauerbegleiter ist in jedem Fall sinnvoll.[181]

[181] Vgl. Anhang 3.

6 Schlussbetrachtung

Abschrecken. Abschrecken ist das Letzte, was ich mit dieser Arbeit erreichen möchte, doch bei dem Begriff Trauer erschrecken leider sehr viele Menschen. In den drei Monaten Bearbeitungszeit, die ich für diese Arbeit hatte, sind mir viele Menschen begegnet, die mich nach meinem Thema fragten. Als ich antwortete, dass ich über „Vätertrauer" schreibe, konnte ich etwas Verwirrendes in ihren Gesichtern erkennen. Sie ließen sich das Thema genauer erklären, aber ihr Gesichtausdruck erhellte sich nicht. Die Reaktionen gingen sehr oft ins Gegenteil über und ich bemerkte, wie die Menschen auswichen und das Gesprächsthema wechselten, wenn ich die Situation von Vätern näher erläuterte, die ihre Kinder verloren hatten. Es ist für die Menschen in unserer Gesellschaft sehr schwer, sich mit dem Tod und dem Sterben auseinanderzusetzen, es ist ihnen unangenehm über Verlust und Leid zu sprechen. Erst recht, wenn es um das Schicksal anderer geht, wenn sie eine angemessene Reaktion auf den Schmerz anderer zeigen sollen, zu der sie gar nicht fähig sind. Sie sind gehemmt sich auszudrücken, nehmen das Erzählte lieber gelassen hin oder winden sich um das Thema herum. Mir ist viel Unverständnis zu dem Thema Trauer, Tod und Sterben entgegengebracht worden. Ich kam mir teilweise vor wie eine Außenseiterin, die sich einfach herausnimmt ein Tabu zu brechen und nicht nur über Trauer schreibt, sondern auch noch über Vätertrauer. Gerade über trauernde Väter zu schreiben, ist eine Herausforderung. Bei der Recherche zu dieser Arbeit bin ich nur Frauen beziehungsweise Müttern begegnet, die ein Kind verloren hatten. Dies machte mich auf die Väter aufmerksam, die ja das gleiche Schicksal zu tragen haben wie ihre Partnerinnen. Sie haben ein gemeinsames Kind verloren. Ich las, dass die Frauen ihren Männern die Trauer um das gemeinsame Kind nicht glaubten und das sie die Art, wie ihre Männer trauern, nicht verstehen können und dass dies zu erheblichen Differenzen führen kann. Mir wurde bewusst, dass ein gegeneinander Trauern und das Unverständnis des einen für den anderen nicht zum Ziel führen kann. So habe ich mich bemüht, die Situation der Väter deutlicher zu machen, um ihre Trauer präsenter werden zu lassen und den Müttern und deren Umfeld zu zeigen, dass ihre Partner nur anders, aber nicht weniger stark trauern als sie selber. Nach oftmals längeren Verteidigungsgesprächen und vielen Beispielen zu meiner Arbeit ließen die Leute mich kopfschüttelnd stehen und wünschten mir viel Glück. Zu spüren war, dass sie nicht daran glaubten, dass ich auch nur einen Vater finden würde, der mit mir über seine Gefühle spricht, geschweige denn mit mir ein Interview führt, bei dem er Fragen zu seinem verstorbenen Kind beantwortet. Sie fragten mich häufig, warum ich mir kein „normales" Thema ausgesucht habe. Nun, für mich ist es ein sehr normales Thema, das alle erwachsenen Menschen betreffen kann, um das sich aber nur die wenigsten kümmern. Viele fanden es jedoch interessant und mutig, dass ich diese Studie dazu verfasse. Die positiven Rückmeldungen der Väter und auch das Interesse der Mütter an dieser Arbeit, haben mir gezeigt, dass ich ein wichtiges Thema aufgegriffen habe und Menschen mit dieser Arbeit helfen kann. Wichtiger Bestandteil dieser Arbeit, sind die Gespräche mit den Vätern, durch die ihre Kinder nicht in Vergessenheit geraten und durch die sie Erinnerungen, die sie an ihre Kinder haben auch an andere Menschen weitergeben können. Für die meisten Väter ist es schmerzhaft, aber zugleich auch sehr schön, wenn sie über ihre toten Kinder sprechen können.

Nach meinen zahlreichen Erfahrungen auf der Palliativstation des Uniklinikums Aachen ist das ein weiterer Schritt für mich, sich mit dem Tod, dem Verlust und dem Schicksal anderer Menschen auseinanderzusetzen. Zu sehen, wie ihnen sinnvoll geholfen werden kann und wie sie in einer schweren Zeit professionell begleitet werden können, hat mich sehr interessiert. Zugegeben, die Auseinandersetzung mit diesem Thema war für mich nicht immer einfach, es war teilweise kräfteraubend und auch die eine oder andere Träne konnte ich nicht zurück halten. Es ist nun mal ein emotionales Thema, das aber deswegen nicht versteckt werden darf. Ich bin froh, diese Erfahrung gemacht zu haben und Neues über mich, meine Stärken, meine Schwächen und vor allem meine Grenzen kennengelernt zu haben. Was das alles aber noch überwiegt, ist die Erkenntnis das Väter auch trauern, eben nur anders als Mütter. Zu wissen wie sie trauern und warum viele Mütter den Eindruck haben sie tun es nicht, war mir vor der Bearbeitung dieses Themas nicht bewusst.

Abkürzungsverzeichnis

bzw.	beziehungsweise
ca.	circa
etc.	et cetera
SSW	Schwangerschaftswoche
u. a.	unter anderem
usw.	und so weiter
Vgl.	Vergleich
z.B.	zum Beispiel

Anhang 1

Statistisches Bundesamt, Stand: 2007

A1 Lebend- und Totgeborene in Deutschland

Jahr Land	Lebendgeborene Insgesamt	 Männlich	 Weiblich	Totgeborene
1950................	1.116.701	578.191	538.510	24.857
1955................	1.113.408	575.079	538.329	22.060
1956................	1.137.169	586.127	551.042	21.309
1957................	1.165.555	602.041	563.514	20.448
1958................	1.175.870	607.095	568.775	19.470
1959................	1.243.922	641.377	602.545	19.741
1960................	1.261.614	648.928	612.686	19.814
1961................	1.313.505	675.417	638.088	19.387
1962................	1.316.534	677.283	639.251	18.748
1963................	1.355.595	696.986	658.609	18.276
1964................	1.357.304	698.046	659.258	17.565
1965................	1.325.386	682.200	643.186	16.566
1966................	1.318.303	677.053	641.250	15.569
1967................	1.272.276	653.649	618.627	14.364
1968................	1.214.968	624.373	590.595	13.505
1969................	1.142.366	587.443	554.923	12.302
1970................	1.047.737	537.922	509.815	10.853
1971................	1.013.396	521.361	492.035	10.010
1972................	901.657	463.472	438.185	8.415
1973................	815.969	418.899	397.070	7.324
1974................	805.500	413.510	391.990	6.848
1975................	782.310	402.790	379.520	6.120
1976................	798.334	409.749	388.585	5.882
1977................	805.496	414.649	390.847	5.486
1978................	808.619	415.866	392.753	5.297
1979................	817.217	419.590	397.627	4.972
1980................	865.789	444.148	421.641	4.954
1981................	862.100	443.540	419.560	4.855
1982................	861.275	442.759	418.516	4.409
1983................	827.933	425.439	402.494	4.107
1984................	812.292	417.247	395.045	3.803
1985................	813.803	417.248	396.555	3.601
1986................	848.232	434.901	413.331	3.547
1987................	867.969	446.671	421.298	3.602
1988................	892.993	459.051	433.942	3.474
1989................	880.459	451.586	428.873	3.247
1990................	905.675	465.379	440.296	3.202
1991................	830.019	426.098	403.921	2.741
1992................	809.114	414.807	394.307	2.660
1993................	798.447	410.071	388.376	2.467
1994................	769.603	395.869	373.734	3.113
1995................	765.221	392.729	372.492	3.405
1996................	796.015	409.215	386.800	3.573
1997................	812.173	417.006	395.167	3.510
1998................	785.034	402.865	382.169	3.190
1999................	770.744	396.296	374.448	3.118
2000................	766.999	393.323	373.676	3.084
2001................	734.475	377.586	356.889	2.881

2002................	719.250	369.277	349.973	2.700
2003................	706.721	362.709	344.012	2.699
2004................	705.622	362.017	343.605	2.728
2005................	685.795	351.757	334.038	2.487
2006................	672.724	345.816	326.908	2.420
2007................	684.862	351.839	333.023	2.371

Todesursachen
2.6 Säuglingssterbefälle 2007 nach ausgewählten Todesursachen
2.6.1 insgesamt

Pos.-Nr. der ICD/10	Todesursache		Insgesamt	Davon im Alter von ... bis unter .... Stunden, Tagen, bzw. Jahre			
				unter 24 Stunden	24 Stunden – 7 Tage	7 Tagen – 28 Tagen	28 Tagen – 1 Jahr
			Anzahl				
A00-T98	Insgesamt	m	1518	453	371	213	481
		w	1138	372	228	185	353
		z	2656	825	599	398	834

Anhang 2

Die Methode

Bei der Methodenauswahl habe ich mich u. a. an der Dissertation von Michaela Nijs orientiert, die sich in ihrer Arbeit für einen qualitativen Ansatz entschieden hat. In der qualitativen Forschung geht es um Erfahrungsrealitäten die zunächst verbalisiert und dann interpretativ ausgewertet werden.[182] Frau Nijs orientiert sich an qualitativen Verfahren, die in Untersuchungen für angemessen gehalten werden, die sich weitgehend mit unbekannten Dimensionen oder Inhalten auseinandersetzen und zudem die emotionale Ebene mit einbeziehen.[183] Diese Kriterien treffen auch für diese Studie zu. Noch nicht ausreichend erforscht, sind die Besonderheiten der Trauer eines Vaters, der sein Kind schon gehen lassen muss, bevor es das Kleinkindalter erreicht hat. Ebenso ist die Bedeutung von Trauergruppen ausschließlich für Väter wenig erforscht. In dieser Arbeit wird es aus zeitlichen Gründen schwierig sein, eine umfassende Untersuchung abzugeben. Dass man sich bei den Gesprächen mit den trauernden Vätern nach dem Tod ihres Kindes auch auf der emotionalen Ebene bewegt, bedarf keiner weiteren Erläuterung.

Die folgenden Ausführungen beziehen sich auf die Methode des qualitativen Interviews, nachdem im weiteren Verlauf auf die besondere Form des narrativen Interviews eingegangen wird. Bei dem qualitativen Ansatz wird nichtnumerisches Material verwendet, das bedeutet, es werden vor allem Texte verwendet, in diesem Fall Interviewtexte. „Zur Erhebung qualitativer Daten ist es nicht – oder nur in sehr geringem Umfang - notwendig, den Untersuchungsvorgang zu standardisieren."[184] Das Ergebnis verspricht somit unterschiedliche Äußerungen und auch Begründungen. Durch die detaillierteren Ergebnisse scheint das Material vielversprechender und reichhaltiger zu sein als ein Messwert. Bei unstandardisierten Befragungen handelt es sich um Antworten mit reichlich Inhalt, für die mehr Zeit benötigt wird. Deswegen werden

[182] Vgl. Bortz/ Döring, S. 295.
[183] Vgl. Nijs, 2003, S. 200.

hier auch weniger Menschen befragt, um die wichtigen individuellen Antworten in der Analyse berücksichtigen zu können. „Es ist darum intensiv oder detailliert, weil es auf eine gründliche Erforschung aller im Zusammenhang mit der Frage stehenden Reaktionen lossteuert.“[185] Die Begriffe „intensiv“ und „detailliert“ weisen auf Synonyme hin wie Tiefeninterview oder offenes Interview. Hier wird aber weiterhin der Begriff qualitatives Interview verwendet. Der Unterschied zwischen einem qualitativen Interview und anderen Formen des Interviews liegt darin, dass hier keine Antworten vorgegeben werden. Der Interviewer entwickelt vor der Interviewreihe einen Fragebogen und einen dazugehörigen Leitfaden, der die grundlegenden Fragen enthält. „Danach bleibt es dem Geschick des Interviewers überlassen, wann er diese Fragen stellt, wie er sie formuliert und welcher zusätzlicher Sondierungsfragen er sich bedient.“[186] Dies ermöglicht die Flexibilität und die Elastizität des Verfahrens. Das Ziel eines qualitativen Interviews ist, genauere Informationen des Befragten mit besonderer Berücksichtigung seiner Perspektive und Bedürfnisse zu erlangen. Dazu gehören die Erweiterung des Antwortspielraumes durch den Interviewten und eine angemessene Befragung, die sich nach den speziellen Problemen des Befragten richtet.[187] Voraussetzung dafür ist die Kenntnis über die Lebensumstände der Befragten.

Auch wenn die Vorgehensweise, ein Interview ausschließlich mit einem Leitfaden zu führen, einen sehr flexiblen Charakter aufweist, bedeutet dies nicht, dass der Verlauf des Interviews dem Zufall überlassen wird. Wie auch Jürgen Friedrichs betont:

„Daß das Interview nur anhand eines Leitfadens geschieht, bedeutet keine Planlosigkeit. Wie jeder anderen Methode auch, geht dem Intensivinterview ein Forschungsplan voraus, der Stellenwert, Ziele und Inhalte des Vorgehens begründet.“[188]

---

184 Bortz/ Döring, 2002, S. 296.

185 König, 1972, S. 143.

186 Nijs, 2003, S. 200.

187 Vgl. Friedrichs, 1980, S. 224.

188 Friedrichs, 1980, S. 227.

Es bedeutet, dass die Anforderungen an den Interviewer steigen, wenn kein festgelegter Fragebogen existiert, anders als bei einem standardisierten Interview. Eine gute Beziehung zwischen dem Befragten und dem Interviewer ist besonders wichtig und gehört zu jedem guten Interview. Hier erwähnt auch Friedrichs, wie wichtig die Kommunikationsfähigkeit des Interviewers ist. „Der Interviewer muß eine professionelle Kommunikation aufbauen, um in kurzer Zeit das zu erfahren, was man sonst nur in längeren Abständen (z.B. bei Freundschaften) erfährt.“[189]

Fortfahren möchte ich nun mit der Erläuterung einiger Punkte, die für das narrative Interview von Bedeutung sind und relevant für meine Arbeit. Glinka beschrieb es so:

„Das narrative Interview stellt eine besondere Form des offenen Interviews dar. In der gemeinsam mit dem potentiellen Erzähler herzustellenden Interviewsituation wird der Informant darum gebeten und darin unterstützt, seine eigenen Erlebnisse als Geschichte zu erzählen.“[190]

Das narrative Interview besteht aus drei Phasen. Die erste Phase ist die Aushandlungsphase, in der dem Befragten eine Einstiegsfrage zu einem bestimmten Thema gestellt wird, damit die Erzählung beginnen kann. Der weitere Verlauf wird von Glinka so beschrieben:

„In diese Aushandlungsphase gehört ebenso die eindeutige Rollenverteilung: dem Informanten wird das uneingeschränkte Rederecht bis zum Abschluß seiner Geschichte übertragen, während der Forscher für den gesamten Ablauf der Darstellungsarbeit des Erzähler die Rolle des aufmerksamen Zuhörers einnimmt.“[191]

In der zweiten Phase befindet man sich in der Haupterzählung, in der der Befragte seine Geschichte erzählt und der Interviewer seine Arbeit erbringt, indem er seine Aufmerksamkeit unterstreicht. Dies macht er durch einen face-

---

189 Friedrichs, 1980, S. 229.

190 Glinka, 1998, S. 9.

191 Glinka, ebd., S. 12.

to-face Kontakt, durch Mimik und kurze emotionale Rückmeldungen. Die dritte Phase ist der Nachfrageteil. Hier bittet der Interviewer den Befragten noch weitere Aspekte der Geschichte zu nennen. „Außerdem können Fragen im Sinne einer sogenannten „Rückgreif-Strategie“ gestellt werden, diese beziehen sich auf Zusammenhänge, die vom Interviewten nur angedeutet worden sind, und bitten ihn, sie näher zu erläutern.“[192] In dieser Phase können auch Verständnisfragen gestellt werden, die eventuelle Lücken der Haupterzählung schließen sollen. Mir ist es nicht immer gelungen, den Hauptteil von dem Nachfrageteil zu trennen, so dass dies nicht als eine reine narrative Methode beschrieben werden kann. Die Konzentration lag hier mehr darauf, den Vätern und ihrem Erzählfaden zu folgen. Wenn ich Fragen formulierte, waren dies unterstützende Fragen, die den Vätern ermöglichten in einen nächsten narrativen Abschnitt zu gelangen. In dieser Untersuchung gibt es nicht nur einen Hauptteil, was eine Trennung zwischen der Haupterzählung und der Fragenphase nicht ermöglicht. Es gibt mehrere Themenabschnitte: Erlebnis der Geburt, Trauerprozess und eine Trauergruppe für Väter.

Die Methode kann als die eines qualitativen Interviews mit dem Schwerpunkt der narrativen Gestaltung durch die Befragten bezeichnet werden.

Die Leitfragen

Zu welchem Zeitpunkt (Schwangerschaftswoche) ist Ihr Kind verstorben?

Wie haben Sie den Tod Ihres Kindes erlebt?

Gab es Möglichkeiten für Sie, sich von Ihrem Kind zu verabschieden?

Konnten Sie Ihr Kind beerdigen? Wenn ja, hilft es Ihnen, Ihr Kind dort zu besuchen bzw. es an diesem Ort zu wissen?

Konnten und wollten Sie Ihre Gefühle zum Ausdruck bringen? Wenn ja, wie?

Sind Sie unmittelbar nach dem Tod Ihres Kindes über Trauergruppen für verwaiste Eltern informiert worden? Wenn ja, wie und durch wen?

[192] Nijs, 2003, S. 202.

Wenn Sie eine Trauergruppe besucht haben, wie lange haben Sie teilgenommen? Würden Sie diesen Weg der Unterstützung empfehlen?

Hätten Sie sich eine Trauergruppe für Väter gewünscht?

Sind Sie der Meinung, dass die Vätertrauer zu wenig berücksichtigt wird? (Familie, Gesellschaft, Berufstätigkeit)

Was hat Ihnen in der Trauer besonders gefehlt?

Die Kontaktaufnahme zu den trauernden Vätern

Die Kontaktaufnahme verlief auf zwei unterschiedlichen Wegen. Ein von mir gewählter Weg war die Mundpropaganda. Ich erzählte Verwandten, Freunden und Bekannten von meinem Vorhaben und fragte sie nach möglichen Kontakten. So erinnerten sich Freundinnen daran, dass ihre Väter selber einmal ein Kind durch eine Fehlgeburt verloren hatten. Kommilitoninnen und auch Arbeitskolleginnen scheuten nicht, Betroffene in ihren Freundeskreisen anzusprechen, was aber leider erfolglos blieb. Der sicherste und im Nachhinein auch der vertrauteste Weg führte über den Kontakt einer guten Freundin, die wiederum eine Freundin hat, die ein Kind durch den plötzlichen Säuglingstod verloren hatte, zu Frau Gerda Palm. Frau Palm ist Diplompädagogin, Erwachsenenbildnerin, systemische Familienberaterin und Krankenhausbetreuerin und leitet seit vielen Jahren Trauergruppen und Geburtsvorbereitungskurse für Paare nach vorausgegangenem Kindstod. Neben themenbezogenen Gesprächen, die ich mit ihr führte, hat sie mir mit Hilfe einer Rundmail den Kontakt zu den Vätern ermöglicht. Die Väter, die zu einem Gespräch bereit waren, nahmen telefonisch oder per Email Kontakt zu mir auf. Dies führte im weiteren Verlauf zu persönlichen Gesprächen, die ich mit den Vätern führte. Die Väter hatten – bis auf einen – alle an von Frau Palm geleiteten Trauergruppen teilgenommen.

Der Auswertungsprozess

Hier habe ich mich, was die Auswertung des zweiten Teils des Fragebogens angeht, an den Aussagen von Bortz orientiert. Er sieht die Entwicklung eines guten Fragebogens bereits mit mehr Vorkenntnissen und guter Vorarbeit verbunden als die Vorbereitung auf ein Interview.[193] Das nichtstandardisierte Interview „eignet sich besonders für schwierige Themenbereiche, die für die Befragten unangenehm sind und deren Bearbeitung eine einfühlsame Unterstützung durch den Interviewer erfordern."[194] Da es sich in den Interviews auch um offene Fragen handelte, waren alle Befragten mit einer Aufzeichnung des Interviews einverstanden. Die Interviews haben, bis auf ein schriftliches, alle in einer gewohnten und entspannten Atmosphäre für den Interviewten stattgefunden.

Bortz beschreibt die Textanalyse von protokollierten Interviews als einen Prozess, in dem durch mehrfaches zyklisches Durchlaufen des Textes mit variablen Perspektiven, das erschlossen werden soll, was der Text eigentlich aussagen will.[195] In dieser Arbeit geht es um fünf Interviews und nicht um einen zusammenhängenden Text. Das mehrfache Durcharbeiten von vier Interviews führte zu einer Beantwortung der Forschungsfrage, die zu Beginn der Arbeit aufgestellt wurde, ebenso wie zu weiteren Fragestellungen, die zu einer Erweiterung des Themas oder zu einer ganz neuen Fragestellung dienen, die erneut untersucht werden könnten. Um die Erfahrungen der betroffenen Väter möglichst lebendig wirken zu lassen, habe ich wichtige Aussagen der Väter aus den Interviews zitiert. So fällt es dem Leser vielleicht leichter, sich in die Situation der Väter hineinzuversetzen und gleichermaßen Betroffene können sich in diesen Aussagen wiederfinden. Diese Zitate sind ein Ausdruck meinerseits, den Vätern mit Achtung zu begegnen. Die Arbeit beschreibt Erfahrungen von Vätern, deren Gefühle von Trauer und Schmerz, den sie empfanden, als sie ihre Kinder verloren. Dies ist ein Grund für mich, die Interviews nicht wesentlich gekürzt zu haben und keine Stichwörter oder Schlagwörter an dieser Stelle zu verwenden. Von weiteren Kürzungen der Interviews habe ich abgesehen, damit das Herzstück dieser Arbeit, nämlich das Erleben der Väter, nicht verloren geht. Die Interviews mit den Vätern sind

---

[193] Vgl. Bortz, 2003, S. 237.
[194] Bortz, 2003, S. 239.
[195] Vgl. Bortz, 2003, S. 239.

ein Vertrauensbeweis für mich, und ich habe versucht, sie zu schützen und sorgfältig sowie respektvoll mit ihnen umzugehen.

Die Methodenkritik

Die Auswahl der betroffenen Väter wurde nicht von ihrem Bildungsstand abhängig gemacht. Die einzige Vorrausetzung, die bestand, war, dass die Väter in der Lage waren, über ihre Gefühle zu sprechen und sie in Worte fassen zu können. „ Die Untersuchung auf der Grundlage von qualitativen Interviews ist darauf angewiesen, dass die Interviewpartner ihre Erinnerungen und Empfindungen in Worte fassen können."[196] Ob ein Zusammenhang zwischen dem Bildungsstand von Interviewten und der Art mit Trauer umzugehen besteht, müsste an anderer Stelle überprüft werden. Aufgefallen ist, dass die befragten Väter sehr bewusst mit ihrer Trauer umgehen und sich klar darüber waren, dass sie Hilfe in Form einer Trauergruppe für verwaiste Eltern in Anspruch nehmen möchten. Genauso deutlich äußerten sie, warum sie sich in der akuten Trauer keine Trauergruppe ausschließlich für Väter wünschten. Dies kann man im weitesten Sinne auf die psychologische Vorbildung der Väter und den bereits erfolgten Besuch einer gemischten Trauergruppe zurückführen, sowie ihre Fähigkeit, ihre Erlebnisse zu beschreiben.

---

[196] Nijs, 2003, S. 206.

Anhang 3

Der Fragebogen für trauernde Väter

Fragen an trauernde Väter. Ein Versuch die Trauer der Väter sichtbarer zu machen, die ihre Kinder durch eine Fehl-, Stille-, eine Frühgeburt oder durch den plötzlichen Säuglingstod verloren haben. Außerdem soll durch den zweiten Teil des Fragebogens, erarbeitet werden, ob die betroffenen Männer eine Trauergruppe ausschließlich für Väter für sinnvoll halten.

Hat man sich während und nach der Geburt um Sie gekümmert? Wenn ja, wer hat sich gekümmert und in welcher Form?

Wenn jemand da war, hätten Sie sich trotzdem gewünscht lieber in Ruhe gelassen zu werden?

Zu welchem Zeitpunkt (Schwangerschaftswoche) ist Ihr Kind verstorben?

Haben Sie bereits vorher ein ungutes Gefühl gehabt, eine Vorahnung, dass etwas nicht in Ordnung ist?

Wie haben Sie den Tod Ihres Kindes erlebt?

Welche Gefühle konnten Sie wahrnehmen, bei dem Gedanken an die Geburt Ihres toten Kindes?

Hatten Sie die Möglichkeit sich auf den Verlust innerlich vorzubereiten?

Können Sie schildern, wie der Verlauf der Geburt war?

Gab es die Möglichkeit für Sie, sich von Ihrem Kind zu verabschieden?

Hatten Sie die Möglichkeit Ihr Kind zu sehen? Wenn ja, haben Sie diese Zeit genutzt, um sich zu verabschieden?

Wie hat sich die Verabschiedung gestaltet? Konnten Sie Ihrem Kind nahe sein, es z.B. auf den Arm nehmen?

Haben Sie Ihrem Kind einen Namen gegeben?

Wie würden Sie die Atmosphäre beschreiben, in der Sie Abschied genommen haben? Hätte etwas anders sein sollen/ müssen?

Wenn Sie Ihr Kind nicht mehr gesehen haben, warum war das so? Was hat das für Sie bedeutet?

Wurde je geklärt und Ihnen erklärt, warum Ihr Kind starb?

Konnten Sie Ihr Kind beerdigen? Wenn ja, hilft es Ihnen Ihr Kind dort zu besuchen bzw. es an diesem Ort zu wissen?

Wenn es nicht beerdigt wurde, warum nicht?

Gab es eine symbolische Handlung oder ein Ritual, dass Ihnen beim Abschied geholfen hat? (Brief an ihr Kind, ein Bild)

Wenn Sie heute zurückblicken, können Sie beschreiben, wie und ob der Tod Ihres Kindes Ihr Leben und Sie selber verändert hat?

Konnten und wollten Sie Ihre Gefühle zum Ausdruck bringen? Wenn ja wie?

Wie hat Ihre Umwelt auf Ihre Art zu trauern reagiert? Wie haben im speziellen Ihr Berufsumfeld, Ihre Familie und Ihre Freunde reagiert? Wie sind Sie mit möglichen negativen Reaktionen umgegangen?

Hat der Tod Ihres Kindes Ihre Beziehung zu Ihrer Partnerin belastet und verändert? Wenn ja, woran lag dies Ihrer Meinung nach?

Fragen zur Ergründung der Wichtigkeit einer Trauergruppe nur für Väter

Sind Sie unmittelbar nach dem Tod Ihres Kindes über Trauergruppen für verwaiste Eltern informiert worden? Wenn ja, wie und durch wen?

Wenn Sie nicht informiert wurden, hätten Sie es sich gewünscht? Wenn ja warum?

Haben Sie eine Trauergruppe für verwaiste Eltern besucht?

Wenn ja, wie war ihre Erfahrung? Haben Ihnen die Gespräche mit anderen Betroffenen geholfen? Wenn ja, warum?

Haben Sie eine andere Alternative gefunden, um über Ihren Schmerz zu reden? Wenn ja, wer hat Ihnen geholfen?

Wenn Sie eine Trauergruppe besucht haben, wie lange haben Sie teilgenommen? Würden Sie diesen Weg der Unterstützung empfehlen? Wenn ja, warum?

Wenn Sie keine Trauergruppe besucht haben, denken Sie im Nachhinein, es hätte Ihnen doch helfen können?

Hat Ihnen direkt nach dem Tod Ihres Kindes ein(e) neutrale AnsprechpartnerIn gefehlt? Wenn ja, was hätten Sie sich von ihm/ ihr gewünscht? (SeelsorgerIn, PsychologeIn, SozialpädagogeIn)

Halten Sie den Austausch mit anderen betroffenen Vätern für wichtig und hilfreich? Wenn ja, warum, oder wenn nein, warum nicht?

Hätten Sie sich eine Trauergruppe nur für Väter gewünscht?

Wenn es eine Trauergruppe nur für Väter gegeben hätte, hätten Sie diese bevorzugt bzw. ergänzend zu einer gemischten Gruppe besucht? Mit welcher Begründung?

Sind Sie der Meinung, dass die Vätertrauer zu wenig berücksichtigt wird? (Familie, Gesellschaft, Berufstätigkeit)

Wünschen Sie sich das die Menschen sich mehr um die Belange der Väter kümmern sollten?

Was hat Ihnen in der Trauer besonders gefehlt? (Nähe, Ansprache, Kontakt zu Betroffenen, Freunde)

Anhang 4

Adressen

AKIS

Aachener Kontakt- und Informationsstelle für Selbsthilfe

Volkshochschule Aachen

Peterstraße 21-25

52062 Aachen

Telefonische Beratung: 0241- 49 00 9

Büro: 0241- 47 92- 240

Telefax: 0241- 40 60 23

Email: elmar.burger@akis-aachen.de

Homepage: www.akis-aachen.de

Verwaiste Eltern e.V. Aachen

Augustastraße 25

52070 Aachen

Vorsitzende: Gerda Förster

Telefon: 0241- 96 20 56

Kontakt: Gerda Palm

Telefon: 0241- 7 66 88

Homepage: www.verwaiste-eltern-aachen.de

Verwaiste Eltern Hamburg e.V.

Evangelische Akademie Nordelbien

Esplanade 15

D- 20354 Hamburg

Telefon: 040/ 35 50 56 44

Fax: 040/ 35 71 87 67

Email: info@verwaiste-eltern.de

Homepage: www.verwaiste-eltern.de

Initiative Regenbogen

„Glücklose Schwangerschaft" e.V.

Hauptgeschäftstelle

In der Schweiz 9

D- 72636 Frickenhausen

Telefonansage-Service: 05565/ 13 64

Email: BV@initiative-regenbogen.de

Homepage: www.initiative-regenbogen.de

Trauerbegleiterausbildung

TrauerInstitut Deutschland e.V.

Servatiusstraße 8

53129 Bonn

Telefon: 0228- 24 33 16 60

Telefax : 0228- 24 33 16 61

Email: info@trauerinstitut.de

Homepage: www.trauerinstitut.de

Literaturverzeichnis

Bödiker, Marie-Luise, Theobald, Monika (2007): Trauer-Gesichter. Hilfen für Trauernde - Arbeitsmaterialien für die Trauerbegleitung, Wuppertal

Böhnisch, Lothar, Winter, Reinhard (1993): Männliche Sozialisation. Bewältigungsprobleme männlicher Geschlechtsidentität im Lebenslauf, München

Bortz J., Döring N. (3.Auflage 2002): Forschungsmethoden und Evaluation für Human und Sozialwissenschaftler. Berlin und Heidelberg

Bowlby, John (1983): Verlust, Trauer und Depression, Fabianfurt

Canacakis, Jorgos (1987): Ich sehe deine Tränen. Trauern, Klagen, Leben können, Stuttgart

Canacakis, Jorgos (1991): Ich begleite dich durch deine Trauer, Stuttgart

Friedrichs, Jürgen (1980): Methoden empirischer Sozial-forschung. Opladen

Fröhlich, Werner (1997): Wörterbuch Psychologie. München

Galuske, Michael (7.Auflage 2007): Methoden der Sozialen Arbeit. Eine Einführung, Weinheim und München

Glinka, Hans-Jürgen (1998): Das narrative Interview. Eine Einführung für Sozialpädagogen, Weinheim und München

Goldbrunner, Hans (2006): Dialektik der Trauer. Ein Beitrag zur Standortbestimmung der Widersprüche bei Verlusterfahrungen, Berlin

Hollstein, Walter (1999): Männerdämmerung. Von Tätern, Opfern, Schurken und Helden, Göttingen

Holzschuh, Wolfgang (1999): Die Trauer der Eltern bei Verlust eines Kindes. Eine praktische theologische Untersuchung, Würzburg

Jerneizig R., Langenmayr A., Schubert U. (1991): Leitfaden zur Trauertherapie und Trauerberatung, Göttingen

Kast, Verena (2000): Trauern, Stuttgart

Kasten, Helmut (2003): Weiblich-Männlich. Geschlechterrollen durchschauen, München

Klößler Hubert, Bettinger Armin (2000): Vatergefühle. Männer zwischen Rührung, Rückzug und Glück, Stuttgart

König, R. (1972): Das Interview: Formen, Technik, Auswertung, Köln

Lammer, Kerstin (2004): Trauer verstehen. Formen, Erklärungen, Hilfen, Neukirchen

Levang, Elisabeth (2002): Männer trauern anders. Freiburg im Breisgau

Lothrop, Hannah (1998): Gute Hoffnung- jähes Ende. Fehlgeburt, Totgeburt und Verluste in der frühen Lebenszeit. Begleitung und neue Hoffnung für Eltern, München

Matzat, Jürgen (1997): Wegweiser Selbsthilfegruppen. Eine Einführung für Laien und Fachleute, Gießen

Mitscherlich, Alexander und Margarete (1977): Die Unfähigkeit zu trauern, München

Moeller, Michael Lukas (1996): Selbsthilfegruppen. Anleitungen und Hintergründe, Reinbek

Motschmann, Elisabeth (1987): Väter heute. Männer entdecken ihre Vaterrolle, Neuhausen-Stuttgart

Mucksch, Norbert (1991): Klientenzentrierte Trauerbegleitung als Tätigkeitsfeld Sozialer Arbeit, Hamburg

Neysters Peter, Schmitt Karl Heinz (2004): Denn sie werden getröstet werden. Das Hausbuch zu Leid und Trauer, Sterben und Tod, München

Nijs, Michaela (2.Auflage 2003): Trauern hat seine Zeit. Abschiedsrituale beim frühen Tod eines Kindes, Göttingen

Palm, Gerda (2001): Jetzt bist du schon gegangen, Kind. Trauerbegleitung und heilende Rituale mit Eltern frühverstorbener Kinder, München

Schäfer, Julia (2002): Tod und Trauerrituale in der modernen Gesellschaft. Perspektiven einer alternativen Trauerkultur, Stuttgart

Student, Johann-Christoph (2.Auflage 2004): Sterben, Tod und Trauer. Handbuch für Begleitende, Freiburg im Breisgau

Tsiafouli, Evangelia, Sohr, Sven (2007): Die Kunst des Trauerns, Trauer zulassen, Trauer verarbeiten, Trauernde begleiten, Bielefeld

Verwaiste Eltern in Deutschland (6/ 1994): Leben mit dem Tod eines Kindes. Schwerpunkt: Hilfe zur Selbsthilfe, Hamburg

Voss-Eiser, Mechthild (1992): Hilfe und Selbsthilfe für verwaiste Eltern und trauernde Geschwister, in: Student, Johann-Christoph (Hg.): Im Himmel welken keine Blumen. Kinder begegnen dem Tod, Freiburg im Breisgau, S. 164

Worden, William (2.Auflage 1999): Beratung und Therapie in Trauerfällen, Bern

Zeitschriften:

Brandes, Holger (1992): Wandel männlicher Geschlechtsidentität und Möglichkeiten analytischer Männergruppen, in: Gruppenpsychotherapie/ Gruppendynamik, Band 28, S. 300-317

Brandes, Holger (1994): Möglichkeiten und Perspektiven analytischer Männergruppen, in: Journal für Psychologie, Band 2/ H.3, S. 17-23

Internetadressen:

www.destatis.de, Stand: 05.09.2008

www.nakos.de, Stand: 14.09.2008

www.dag-selbsthilfegruppen.de, Stand: 14.09.2008

www.gesetze-im-internet.de/persstdgav/_29html, Stand: 06.09.2008

www.buzer.de/gesetz/7606/a148944.htm, Stand: 06.09.2008

Zum Thema

Julia Schäfer

Tod und Trauerrituale in der modernen Gesellschaft

Perspektiven einer alternativen Trauer- und Bestattungskultur

Zweite, überarbeitete und erweiterte Auflage
216 Seiten, Paperback. € 24,90

Erhältlich ab **Mai 2011** in Ihrer Buchhandlung
oder direkt unter www.ibidem-verlag.de

Mit welchen Problemen sind Trauernde in modernen, individualisierten Gesellschaften konfrontiert? Werden Tod und Trauer aus der Gesellschaft verdrängt oder ausgelagert, indem der Umgang mit Sterbenden und Verstorbenen zur ExpertInnensache geworden ist? Haben wir überhaupt noch brauchbare Rituale für Trauer und Bestattung?
Ausgehend von diesen Fragen untersucht Julia Schäfer den Umgang mit Tod und Trauer in der modernen Gesellschaft und beschreibt einen Wandel der gegenwärtigen Trauer- und Bestattungskultur. Sie analysiert in ihrer Studie, wie Trauer durch soziale Normierungen beeinflusst wird.
Julia Schäfer geht den Ansätzen von ‚alternativen' Umgangsformen mit Tod und Trauer nach. Sie zeigt auf, wie die Trauer- und Bestattungskultur seit den vergangenen Jahren von Veränderungen erfasst wurde. Neben der Darstellung und Erläuterung neuartiger Bestattungsformen, der individuellen Gestaltung von Trauerfeiern sowie der wachsenden Bedeutung von Internet-Gedenkstätten geht es um Aufgaben und Wirksamkeit professioneller Trauerbegleitung.

Viktoria Pichler

Sterbe- und Trauerbegleitung schwerstkranker Kinder und ihrer Angehöriger

Implikationen für die Profession der Sozialen Arbeit

190 Seiten, Paperback. € 24,90

Erhältlich ab **August 2011** in Ihrer Buchhandlung
oder direkt unter www.ibidem-verlag.de

Der Tod von Kindern wird in unserer Gesellschaft weitestgehend verdrängt. So sehen sich betroffene Kinder, Eltern und Geschwister zusätzlich zu ihrer ohnehin problembelasteten Situation noch mit einer von Hilflosigkeit und Angst geprägten Umgebung konfrontiert. Alle drei hier genannten Personengruppen benötigen eine auf ihre spezielle Situation und Bedürfnisse abgestimmte Begleitung, um die jeweilige Situation bewältigen zu können.
Die Herausforderung für die Soziale Arbeit besteht darin, sterbende Kinder und deren Primärangehörige als relevante Zielgruppe ihrer Profession wahrzunehmen, sich hinsichtlich ihres Aufgabenbereiches klar zu werden und dies auch nach außen zu vertreten.

***ibidem*-Verlag**

Melchiorstr. 15

D-70439 Stuttgart

info@ibidem-verlag.de

www.ibidem-verlag.de
www.ibidem.eu
www.edition-noema.de
www.autorenbetreuung.de

Zeitfracht Medien GmbH
Ferdinand-Jühlke-Straße 7
99095 Erfurt, Deutschland
produktsicherheit@kolibri360.de